MW01285986

# Massachusetts Driver's

## SIMULADOS DE PROVA

**FELIX**
Editora

2023

Editoração eletrônica: Willian Castro

Capa: Alexander Felix (a partir de imagens free disponíveis na internet)

Revisão: Ana Carolina Cezimbra

Arquivo digitado e corrigido pela autora, com revisão final da mesma, autorizando a impressão da obra.

Editor: Willian Castro

Contato com o autor: suportedriverslicensema@gmail.com

Dados Internacionais de Catalogação na Publicação (CIP)

| | |
|---|---|
| M436m | DriveMA |

Massachusetts Driver's: simulados de prova / DriveMA, Juliana Borchardt. – Porto Alegre: Felix, 2023.

104 p., il., fotos.; 16 X 23 cm
1. Guia. 2. Motoristas - Testes 3. Trânsito I. DriveMA. II. Título.

CDD 028.5

Bibliotecária responsável: Janaina Ramos – CRB-8/9166

**ISBN: 978-65-980043-1-6**

**FELIX** Editora

☏ **(51) 98139-9010**
✉ **felixeditora@gmail.com**
🌐 **www.editorafelix.com.br**
f **Felix Editora**
◎ **@felixeditora**

# Introdução

Parabéns por adquirir este livro de preparação para a prova teórica de motorista em Massachusetts! Aqui, você encontrará 230 questões em português para se preparar com eficiência.

Estudar e praticar são fundamentais para obter bons resultados na prova. Cerca de 70% das pessoas que fazem o exame pela primeira vez não são aprovadas, muitas vezes por falta de compreensão e preparação adequada.

Este livro contém questões que simulam situações reais do exame, abordando os principais tópicos exigidos. Praticar com essas questões ajudará a fortalecer seus conhecimentos e a desenvolver seu raciocínio sobre as leis de trânsito.

Prepare-se com dedicação e esteja mais próximo de alcançar sua aprovação. Estude, pratique e conquiste sua carteira de motorista em Massachusetts!

**1) Dois carros chegam a um cruzamento descontrolado mais ou menos ao mesmo tempo. Qual dos seguintes é verdadeiro?**

A) O carro B deve ceder porque está passando direto pelo cruzamento.
B) O carro B deve ceder porque está à direita do carro A.
C) O carro A deve ceder porque está à esquerda do carro B.
D) Nenhuma das opções acima é verdadeira.

Resposta correta: C)

**2) Em um cruzamento, um sinal de pare acompanhado por este sinal significa que:**

A) Veículos de todas as quatro direções devem ceder.
B) Há quatro faixas de tráfego.
C) Veículos de todas as quatro direções que se aproximam do cruzamento devem parar.
D) Você deve parar por quatro segundos.

Resposta correta: C)

## 3) Este sinal representa:

A) O número de saída.
B) O número da rodovia interestadual.
C) O limite de velocidade da rodovia interestadual.
D) O número de milhas até a próxima saída.

Resposta correta: B)

## 4) Este sinal indica:

A) Uma faixa de pedestre.
B) Uma zona de estacionamento para deficientes.
C) Disponibilidade de cadeira de rodas.
D) Uma zona hospitalar.

Resposta correta: B)

**5) O que essa imagem indica?**

A) Uma linha branca quebrada que proíbe a passagem.
B) Uma situação de acidente devido à distância de seguimento reduzida.
C) Uma linha branca quebrada que permite a passagem.
D) Um carro fazendo uma inversão de marcha.

Resposta correta: C)

**6) Quando as luzes amarelas estão piscando, todos os motoristas que se aproximam de _____ devem obedecer ao limite de velocidade de 20 mph.**

A) Um cruzamento ferroviário
B) Uma zona escolar
C) Uma zona de construção
D) Uma via expressa

Resposta correta: B)

**7) Este sinal alerta os motoristas para:**

A) Uma zona de parque infantil.
B) Um ponto de ônibus escolar.
C) Travessias de pedestres em um cruzamento.
D) Uma zona escolar.

Resposta correta: D)

**8) Dirigir na faixa esquerda de uma rodovia com múltiplas faixas é permitido quando você está:**

A) Ultrapassar outro veículo.
B) Evitando uma obstrução.
C) Virando à esquerda.
D) Fazendo qualquer um dos itens acima.

Resposta correta: D)

**9) Estudos do *National Safety Council* e do *Insurance Institute for Highway Safety* mostram que uma carreta totalmente carregada pode demorar _____ em comparação com um veículo de passeio.**

A) 50 pés a mais para parar
B) O triplo da distância para parar
C) O dobro da distância para parar
D) 100 pés a mais para parar

Resposta correta: C)

**10) Qual é o período de validade da carteira de motorista em Massachusetts para pessoas com menos de 75 anos?**

A) 3 anos
B) 5 anos
C) 7 anos
D) 10 anos

Resposta correta: B) 5 anos

**11) Qual é a penalidade por dirigir embriagado em Massachusetts pela primeira vez?**

A) Multa e suspensão da carteira de motorista
B) Apenas advertência verbal
C) Prisão por até 1 ano
D) Nenhuma penalidade

Resposta correta: A) Multa e suspensão da carteira de motorista

**12) O que a placa octogonal vermelha com a palavra "STOP" significa em Massachusetts?**

A) Pare
B) Siga em frente
C) Atenção
D) Nenhuma das opções acima

Resposta correta: A) Pare

**13) Em Massachusetts, qual é o limite de velocidade em áreas residenciais?**

A) 20 mph
B) 25 mph
C) 30 mph
D) 35 mph

Resposta correta: B) 25 mph

**14) Quais são as consequências de não prestar socorro a uma pessoa ferida em um acidente de trânsito em Massachusetts?**

A) Multa e prisão
B) Apenas multa
C) Apenas suspensão da carteira de motorista
D) Nenhuma consequência

Resposta correta: A) Multa e prisão

**15) Qual é a idade mínima para solicitar uma permissão de aprendiz em Massachusetts?**

A) 14 anos
B) 15 anos
C) 16 anos
D) 17 anos

Resposta correta: C) 16 anos

**16) Em Massachusetts, qual é a multa por estacionar sem permissão em uma vaga reservada para deficientes?**

A) $50
B) $100
C) $200
D) $500

Resposta correta: C) $200

**17) Em Massachusetts, qual é a distância mínima que se deve manter ao seguir uma ambulância com luzes e sirenes ligadas?**

A) 100 pés
B) 150 pés
C) 200 pés
D) 250 pés

Resposta correta: C) 200 pés

**18) Quais são as cores dos sinais de trânsito em Massachusetts?**

A) Vermelho, amarelo e verde
B) Azul, branco e preto
C) Vermelho, branco e azul
D) Vermelho, amarelo e azul

Resposta correta: A) Vermelho, amarelo e verde

**19) Qual a penalidade por dirigir embriagado pela primeira vez em Massachusetts?**

A) Multa de até $500
B) Pena de até 6 meses de prisão
C) Suspensão da carteira de motorista por 90 dias
D) Todas as opções acima

Resposta correta: D) Todas as opções acima

**20) Qual é a idade mínima para uma criança ser transportada no banco da frente em Massachusetts?**

A) 5 anos
B) 8 anos
C) 10 anos
D) 12 anos

Resposta correta: D) 12 anos

**21) Qual a distância mínima que se deve manter de um veículo de emergência em Massachusetts?**

A) 50 pés
B) 75 pés
C) 100 pés
D) 150 pés

Resposta correta: C) 100 pés

**22) Quando é obrigatório o uso de faróis durante o dia em Massachusetts?**

A) Durante todo o ano
B) Apenas no inverno
C) Apenas em dias chuvosos
D) Nunca é obrigatório

Resposta correta: A) Durante todo o ano

**23) Em uma rotatória, quem tem o direito de passagem?**

A) Os veículos que já estão na rotatória
B) Os veículos que estão entrando na rotatória
C) Os veículos que estão saindo da rotatória
D) Todos os veículos têm o mesmo direito

Resposta correta: A) Os veículos que já estão na rotatória

**24) Qual é a multa por usar um telefone celular enquanto dirige em Massachusetts?**

A) $50
B) $100
C) $200
D) $500

Resposta correta: C) $200

**25) Qual é o limite de velocidade em uma estrada expressa em Massachusetts?**

A) 50 mph
B) 55 mph
C) 65 mph
D) 70 mph

Resposta correta: C) 65 mph

**26) Quais veículos devem parar em um cruzamento de ferrovia em Massachusetts?**

A) Apenas ônibus escolares

B) Apenas veículos comerciais

C) Todos os veículos, exceto bicicletas

D) Todos os veículos, independentemente do tipo

Resposta correta: D) Todos os veículos, independentemente do tipo

**27) Qual é a multa por estacionar sem permissão em uma vaga reservada para deficientes em Massachusetts?**

A) $50

B) $100

C) $200

D) $500

Resposta correta: C) $200

**28) Em Massachusetts, qual é a distância mínima que se deve manter ao ultrapassar uma bicicleta?**

A) 1 pé

B) 3 pés

C) 5 pés

D) 10 pés

Resposta correta: B) 3 pés

**29) Qual é a multa por não parar em um sinal de pare em Massachusetts?**

A) $50

B) $100

C) $200

D) $500

Resposta correta: C) $200

**30) Em Massachusetts, qual é a idade mínima para transportar um bebê em um assento de carro virado para trás?**

A) 6 meses
B) 12 meses
C) 18 meses
D) 2 anos

Resposta correta: A) 6 meses

**31) O que esse sinal significa?**

A) Uma equipe de trabalho na estrada.
B) Uma zona hospitalar.
C) Uma faixa de pedestres para pedestres cegos.
D) Uma pessoa sinalizadora (sinalizador) em uma zona de trabalho.

Resposta correta: A). Este é um sinal de zona de trabalho, indicando que as atividades de construção ou manutenção da estrada estão em andamento. Você deve diminuir a velocidade, ter cuidado e, se possível, mudar de faixa para manter distância dos trabalhadores.

**32) Se você estiver se aproximando de um ônibus escolar ou de um veículo de transporte escolar com as luzes piscando e com um sinal de pare estendido, você deve:**

A) Mudar de faixa imediatamente.
B) Desacelerar e prosseguir com cautela.
C) Ultrapassar o veículo em alta velocidade.
D) Parar até que as luzes de advertência parem de piscar.

Resposta correta: D). Quando você se aproxima de um ônibus escolar ou de um veículo de transporte escolar com as luzes piscando e com uma placa de pare estendida, você deve parar o veículo até que as luzes de advertência parem de piscar. Isso é verdade independentemente do lado da estrada em que o ônibus escolar ou o veículo de transporte escolar esteja.

**33) Se você estiver em uma estrada de uma ou duas pistas e chegar a um cruzamento com uma rodovia dividida ou uma estrada com três ou mais faixas, você deve:**

A) Parar e virar à direita para entrar no trânsito.
B) Virar à esquerda para entrar no trânsito.
C) Ceder o direito de passagem a outro tráfego.
D) Não fazer nenhuma das opções acima.

Resposta correta: C). Quando você estiver em uma estrada de uma ou duas pistas e chegar a um cruzamento com uma rodovia dividida ou com uma estrada de três ou mais faixas, você deve ceder o direito de passagem ao tráfego na via principal ou na via principal.

**34) Ao dirigir à noite, você deve usar os faróis:**

A) De uma hora após o pôr do sol até uma hora antes do nascer do sol.
B) De meia hora após o pôr do sol até meia hora antes do nascer do sol.
C) De uma hora após o pôr do sol até meia hora antes do nascer do sol.
D) De meia hora após o pôr do sol até uma hora antes do nascer do sol.

Resposta correta: B). A lei exige que você use os faróis meia hora após o pôr do sol até meia hora antes do nascer do sol.

**35) Se o seu veículo parou nos trilhos da ferrovia e você sabe que um trem está se aproximando, você deve...**

A) Mudar para ponto morto e tentar empurrar o veículo para fora dos trilhos.

B) Continuar tentando ligar o motor. Em seguida, dirigir seu veículo para fora dos trilhos.

C) Abaixar sua janela e abrir as portas.

D) Sair com todos os passageiros do veículo e ficar o mais longe possível dos trilhos.

Resposta correta: D). Pode levar mais de uma milha para um trem que viaja a 50 mph parar completamente. E, se seu veículo for atropelado por um trem, a chance de morte ou ferimentos graves é 40 vezes maior do que se seu veículo for atropelado por um carro. Portanto, se o seu veículo parou nos trilhos da ferrovia e você sabe que um trem está se aproximando, você e seus passageiros devem sair do veículo imediatamente. Em seguida, caminhe em um ângulo de 45 graus na direção de onde o trem está vindo. Dessa forma, se o trem atingir seu veículo, os destroços e estilhaços da colisão não poderão atingir você.

**36) Para reduzir os efeitos do brilho dos faróis que se aproximam, não olhe diretamente para os faróis. Em vez disso:**

A) Olhe para o lado oposto da sua faixa de tráfego.

B) Olhe para o lado inferior direito de sua faixa de tráfego.

C) Olhe para o lado inferior esquerdo da sua faixa de tráfego.

D) Olhe para a frente.

Resposta correta: B). Para reduzir os efeitos do brilho dos faróis dos veículos que se aproximam, não olhe diretamente para os faróis. Em vez disso, olhe para o lado inferior direito de sua faixa de tráfego.

## 37) Este sinal é:

A) Um sinal de interseção de auto-estrada.
B) Um sinal de distância de destino.
C) Um sinal de direção de destino.
D) Um sinal de saída da rodovia.

Resposta correta: A). Este sinal é um sinal de interseção de auto-estrada. Este sinal indica que você está se aproximando de um trevo.

## 38) Qual é a distância total de parada a uma velocidade de 60 mph?

A) 392 pés
B) 192 pés
C) 104 pés
D) 292 pés

Resposta correta: D). Se você estiver viajando a 60 mph, levará em média 292 pés (quase o comprimento de um campo de futebol) para reagir a um perigo, pisar no freio e parar com segurança. É por isso que você deve usar os faróis altos à noite, sempre que possível. Seus faróis baixos permitem que você veja apenas cerca de 30 metros à frente.

**39)** Ao entrar em uma interseção não controlada, você deve _____ e prosseguir se o caminho estiver livre.

A) Usar sinais de mão

B) Reduzir a velocidade, olhar para a esquerda, para a direita e para o tráfego que se aproxima

C) Aumentar sua velocidade

D) Não reduzir sua velocidade

Resposta correta: B). Em uma interseção não controlada, você deve diminuir a velocidade, olhar para a esquerda e para a direita para o tráfego que se aproxima e prosseguir se o caminho estiver livre.

**40)** Em estradas com duas ou mais faixas em sua direção, você deve usar a faixa da direita, a menos que:

A) Você estiver ultrapassando outro veículo.

B) A faixa da direita estiver bloqueada.

C) Você estiver fazendo uma curva à esquerda.

D) Qualquer uma das opções acima é verdadeira.

Resposta correta: D)

**41)** Na rodovia, se perder a saída, não pare nem dê ré. Em vez disso:

A) Pare outros veículos na estrada e peça ajuda.

B) Prossiga para a próxima saída.

C) Encoste no lado esquerdo da estrada e procure ajuda.

D) Pare no lado direito da estrada e procure ajuda.

Resposta correta: B). Na rodovia, se perder a saída, não pare nem dê ré. Se o fizer, aumentará o risco de ser atropelado por outro veículo. Em vez disso, saia da rodovia na próxima saída e encontre uma maneira de voltar.

**42) Ao ver uma placa de preferência ao entrar em uma estrada, você deve _____ na placa.**

A) Mudar de faixa

B) Não prosseguir mais

C) Desacelerar e estar preparado para parar

D) Prosseguir a uma velocidade normal

Resposta correta: C). Quando vir um sinal de rendimento, diminua a velocidade e esteja preparado para parar. Deixe os veículos, ciclistas e pedestres passarem antes de prosseguir. Você deve parar completamente se as condições de tráfego exigirem.

**43) Em condições normais, a que distância os faróis altos e baixos permitem que você veja?**

A) 350 pés e 200 pés, respectivamente

B) 250 pés e 100 pés, respectivamente

C) 500 pés e 120 pés, respectivamente

D) 350 pés e 100 pés, respectivamente

Resposta correta: D). Em condições normais, os faróis altos permitem que você veja cerca de 350 pés à frente e os faróis baixos permitem que você veja apenas cerca de 100 pés à frente. É por isso que é importante usar faróis altos à noite, quando possível. A 65 mph, seu veículo percorrerá 100 pés em apenas um segundo.

**44) Você está no ponto cego de um caminhão, se você:**

A) Não conseguir ver os espelhos laterais do caminhão.
B) Não conseguir ver o motorista do caminhão.
C) Não conseguir ver os faróis do caminhão.
D) Não conseguir ver as luzes traseiras do caminhão.

Resposta correta: A). Se você não consegue ver os espelhos laterais de um caminhão, você está usando o tailgating. (Distância mínima de segurança: se você não conseguir ver os retrovisores do caminhão, o motorista do caminhão não poderá vê-lo.) A utilização não autorizada é perigosa. Se você seguir um veículo muito de perto, perderá a almofada de segurança necessária se o veículo parar.

**45) Em uma rodovia com várias faixas em uma direção, você deve usar _____ para ultrapassar.**

A) A pista mais à direita
B) As pistas do meio ou da esquerda
C) Qualquer faixa
D) A faixa do meio

Resposta correta: B). Em uma rodovia com várias faixas em uma direção, você deve usar as faixas do meio ou da esquerda para ultrapassar.

## 46) Este sinal indica que:

A) Os veículos não podem entrar na via.
B) Os veículos estão autorizados a viajar em uma direção.
C) Os veículos devem parar no cruzamento à frente.
D) Os veículos devem ir apenas em linha reta ou direita.

Resposta correta: C). Este sinal indica que há um sinal de pare à frente. Um sinal de parada significa que você deve parar completamente antes da linha de parada ou da faixa de pedestres.

## 47) O que esse sinal significa?

A) Uma faixa de veículos de alta ocupação (HOV)
B) Estacionamento para portadores de deficiência
C) Um heliporto
D) Um hospital

Resposta correta: D). Este é um sinal de serviço. A letra "H" representa um serviço hospitalar.

**48) O que essas setas duplas significam?**

A) Rodovia dividida termina.
B) Rodovia dividida começa.
C) Tráfego de mão dupla à frente.
D) O tráfego pode fluir em ambos os lados.

Resposta correta: D). Este sinal significa que o tráfego na estrada pode fluir em ambos os lados do sinal.

**49) Se um sinal ou sinal exigir que você pare, você deve parar:**

A) 15 pés depois de passar as linhas de parada e as linhas de faixa de pedestres.
B) Entre as linhas de parada e as linhas de pedestres.
C) 20 pés depois de passar as linhas de parada e as linhas de faixa de pedestres.
D) Atrás das linhas de parada e das faixas de pedestres.

Resposta correta: D). Se um sinal ou sinal exigir que você pare, você deve parar atrás da linha de parada. Se não houver linha de parada, você deve parar antes da faixa de pedestres.

## 50) O que esse sinal significa?

A) Há uma área de estacionamento perto da placa.
B) Há uma estrada de mão única à frente.
C) Há um cruzamento circular à frente.
D) Há uma área de estacionamento residencial à frente.

Resposta correta: C). Este sinal significa que uma interseção circular (como uma rotatória) está à frente. Em uma rotatória, todo o tráfego se move no sentido anti-horário em torno de uma ilha central.

## 51) Este sinal representa a disponibilidade de:

A) Alojamento.
B) Telefones.
C) Comida.
D) Um posto de combustível.

Resposta correta: C). Este é um sinal de guia. Este sinal indica a disponibilidade de alimentos.

**52) Ao dirigir atrás de outro veículo, você deve usar _____ para manter uma distância segura do veículo à frente.**

A) A regra dos cinco segundos
B) A regra dos sete segundos
C) A regra dos três segundos
D) A regra dos dez segundos

Resposta correta: C). Ao dirigir atrás de outro veículo em condições ideais, você deve usar a regra dos três segundos para manter uma distância segura do veículo à sua frente: escolha um objeto à sua frente, como um poste de sinalização ou uma árvore, quando o veículo à sua frente chegar a esse objeto, conte "um mil, dois mil, três mil..."; se você alcançar o objeto antes de contar três, você está muito perto, portanto, reduza a velocidade até colocar distância suficiente entre você e o veículo à sua frente. Com mal tempo ou trânsito intenso, aumente ainda mais a distância de seguimento.

**53) Este sinal significa que:**

A) Todo o tráfego deve se mover na direção da seta.
B) Todos os veículos devem parar para fazer uma curva à direita.
C) Todo o tráfego deve ser conduzido apenas no lado esquerdo.
D) A faixa à frente é reservada para caminhões fazerem curvas à direita.

Resposta correta: A). Este sinal de mão única indica que o tráfego nesta estrada deve se mover apenas na direção da seta

**54) Ao dirigir perto de um veículo grande, esteja atento ao _____ do motorista à direita, à esquerda, à frente e atrás.**

A) Pontos cegos

B) Zonas proibidas

C) Nem A nem B

D) Ambos, A e B

Resposta correta: D). Grandes veículos comerciais, como caminhões, têm enormes pontos cegos, chamados No-Zones, onde um carro pode desaparecer completamente da visão do motorista. Existem zonas proibidas na frente, atrás e nas laterais de um veículo grande. É impossível evitar completamente os pontos cegos de um veículo grande. Portanto, não siga atrás de um ônibus ou caminhão e não permaneça em uma zona proibida por mais tempo do que o necessário para ultrapassar com segurança um caminhão pesado.

**55) Ao dirigir, se você tiver um pneu furado ou estourado, você deve:**

A) Colocar o pé no acelerador.

B) Girar o volante na direção oposta da derrapagem.

C) Manter a condução com um aperto firme no volante e usar o freio para diminuir a velocidade.

D) Manter-se à distância da via.

Resposta correta: C). Durante a condução, se tiver um pneu furado ou estourado, não trave. Mantenha um aperto firme no volante e tire o pé do pedal do acelerador para que o veículo diminua a velocidade.

**56) O que acontece se um condutor com menos de 21 anos for a tribunal depois de ser acusado de conduzir sob influência de álcool?**

A) Ele não tem o direito de contestar as citações no tribunal.

B) Se for a terceira infração, ele poderá pular a suspensão de 180 dias.

C) Ele será obrigado a fazer o curso de educação sobre álcool, mesmo que ganhe o caso.

D) Se ganhar o caso, ele não será obrigado a fazer o curso de educação sobre álcool.

Resposta correta: C). A suspensão adicional de 180 dias ou um ano para motoristas com menos de 21 anos foi criada para fazer com que os jovens acusados de operar sob a influência de álcool, ou de ter um BAC de 0,02 ou superior, se submetam à educação sobre álcool, Não importando o que aconteça com o processo judicial. Mesmo que ganhe o caso, não mudará a exigência de fazer o curso de educação sobre álcool.

## 57) O que esse sinal significa?

A) Há uma área de cruzamento de tráfego à frente; parar antes de fundir.
B) Há uma estrada de mão única à frente; prossiga com cuidado.
C) Há uma rotunda à frente; prepare-se para ceder ao tráfego.
D) Uma inversão de marcha é permitida; vai devagar.

Resposta correta: C). Este sinal significa que há uma rotatória (interseção circular) à frente. Reduza a velocidade e prepare-se para ceder ao trânsito na rotunda.

## 58) Você NÃO deve ultrapassar:

A) Um ônibus escolar à frente com luzes vermelhas piscando e um braço de parada estendido.
B) Se houver uma linha amarela sólida próxima à sua faixa.
C) Se houver uma subida próxima ou uma curva onde não haja visibilidade clara.
D) Em qualquer uma das situações acima.

Resposta correta: D). Uma linha amarela sólida indica uma zona sem passagem. Você não tem permissão para ultrapassar se houver uma linha amarela contínua próxima à sua faixa. Também é ilegal ultrapassar um ônibus escolar com luzes vermelhas piscando e um braço de parada estendido. Além disso, não ultrapasse ao se aproximar de uma colina ou curva onde não há visibilidade

**59) Ao entrar ou sair de uma rotunda, deve sempre:**

A) Aumentar a velocidade.
B) Manter à direita.
C) Mudar de faixa.
D) Manter à esquerda.

**60) Os apoios de cabeça devem ser ajustados de modo que entre em contato com a parte de trás da cabeça. Isso impede:**

A) Lesões no pescoço se você for atingido por trás.
B) Lesões corporais em uma colisão frontal.
C) Aperto do cinto de segurança durante acidentes.
D) Acidentes por trás.

## 61) Se as rodas traseiras começarem a derrapar, você deve:

A) Virar o volante para a direita.
B) Girar o volante na direção da derrapagem.
C) Girar o volante para a esquerda.
D) Girar o volante na direção oposta da derrapagem.

Resposta correta: B). Se as rodas traseiras começarem a derrapar, gire o volante na mesma direção das rodas traseiras. Se as rodas traseiras estiverem deslizando para a esquerda, vire para a esquerda. Se eles estiverem deslizando para a direita, vire para a direita.

## 62) O que esse sinal indica?

A) Rodovia dividida termina aqui.
B) Tráfego flui nos dois sentidos.
C) O tráfego pode fluir em ambos os lados do sinal.
D) Rodovia dividida começa aqui.

Resposta correta: D). Este sinal indica que a estrada à frente está dividida por um canteiro central ou divisória. Você deve manter à direita.

## 63) O que esse sinal indica?

A) Olhe em frente ao dirigir.
B) Pare à frente do sinal.
C) Rua de mão única à frente.
D) Vá em frente, apenas.

Resposta correta: D). Este sinal indica que todos os veículos devem seguir em frente. Nenhum retorno é permitido nessa pista.

## 64) Enquanto dirige, se precisar ler um mapa ou instruções, você deve:

A) Dar uma olhada rápida enquanto dirige e seguir em frente.
B) Reduzir a velocidade para ler o mapa.
C) Encostar no acostamento em um local seguro para ler o mapa.
D) Parar o veículo na estrada e ler o mapa.

Resposta correta: C). Se precisar ler um mapa ou instruções, encoste no acostamento da estrada em um local seguro. Fique parado até estar pronto para dedicar toda a sua atenção à direção.

**65)** Ao mudar de faixa, para se certificar de que não há outros veículos em _____, olhe por cima do ombro na direção que planeja seguir.

A) Pontos cegos
B) Zonas francas
C) Zonas de ombro
D) Zonas proibidas

Resposta correta: A). Ao mudar de faixa, olhe por cima do ombro na direção que planeja seguir para se certificar de que não há outros veículos em seus pontos cegos. Você não pode ver essas áreas em seus espelhos.

**66) Se um motorista atrás de você piscar repetidamente os faróis, você deve**

A) ligue os faróis baixos.
B) ligue os faróis altos.
C) saia do caminho.
D) aumentar a sua velocidade e seguir em frente.

Resposta correta: C). Condução agressiva é a condução de um veículo a motor de uma forma que ponha em perigo ou possa colocar em perigo pessoas ou bens. Se o motorista atrás de você piscar repetidamente os faróis, não revide ou envolva o motorista de forma alguma. Em vez disso, saia do caminho.

**67) A derrapagem da roda travada geralmente é causada por**

A) pressionando os pedais do acelerador e do freio ao mesmo tempo.
B) as rodas motrizes perdem tração com a superfície da estrada.
C) a ignição sendo girada para a posição travada enquanto o veículo ainda estiver em movimento.
D) frenagem muito forte em alta velocidade.

Resposta correta: D). Se você frear forte em alta velocidade, a força dos freios pode exceder a força de atrito dos pneus na superfície da estrada. As rodas travarão e o veículo derrapará, não importa para que lado o volante seja virado. Tire o pé do freio para destravar as rodas. Em seguida, endireite as rodas dianteiras conforme o veículo começa a se endireitar. Diminua a velocidade do veículo gradualmente até atingir uma velocidade segura para continuar dirigindo

**68) As áreas de perigo em torno de seu veículo onde as colisões são mais prováveis de ocorrer são chamadas**

A) Pontos cegos.
B) Manchas redondas.
C) Zonas sem passagem.
D) Lugares vazios.

Resposta correta: A). Pontos cegos são áreas próximas aos cantos traseiros esquerdo e direito do veículo que você não consegue ver nos retrovisores. Antes de mudar de faixa ou ultrapassar, vire a cabeça e verifique se essas áreas estão livres.

**69) Se uma bicicleta à sua direita chegar a um cruzamento ao mesmo tempo que você, você deve:**

A) Prosseguir porque você tem o direito de passagem.
B) Ceder à bicicleta.
C) Mover-se lentamente junto com a bicicleta.
D) Pedir ao ciclista para mudar de faixa.

Resposta correta: B). Ao ultrapassar uma bicicleta perto de um cruzamento ou de uma entrada de automóveis onde você deseja virar à direita, a curva não é permitida a menos que você esteja a uma distância segura do ciclista e possa fazer a curva a uma velocidade razoável e adequada. A lei de MA define uma distância segura como uma distância de pelo menos 3 pés mais 1 pé para cada 10 mph acima de 30 mph. Se colidir com a bicicleta, o fato de a bicicleta estar à direita do trânsito não será considerado desculpa suficiente. (Ver MA Gen L cap 90 § 14.)

## 70) Nunca dirija ao lado de uma motocicleta na mesma faixa porque:

A) Os motociclistas não precisam seguir as regras de trânsito.
B) As motocicletas não têm luzes de sinalização.
C) O motociclista pode enganá-lo.
D) Uma motocicleta precisa de toda a largura da pista.

Resposta correta: D). Os motociclistas precisam de uma faixa de largura total, assim como outros veículos. Nunca dirija ao lado de uma motocicleta na mesma faixa, mesmo que a faixa seja larga e o motociclista esteja andando para o lado. Em Massachusetts, um motociclista tem o direito legal de usar toda a largura de uma pista.

## 71) Se você chegar a uma cena de acidente em que não há polícia ou veículos de emergência, você deve:

A) Mover as pessoas feridas.
B) Notificar a sua companhia de seguros.
C) Estacionar o carro fora da estrada e ligar o pisca-alerta.
D) Parar ou diminuir a velocidade para "passeio".

Resposta correta: C). Se você é uma das primeiras pessoas a chegar ao local de uma colisão, a primeira coisa a fazer é tirar o veículo da estrada. Em seguida, verifique se alguém está ferido. Não mova pessoas feridas, a menos que haja perigo de incêndio ou explosão. Notifique os funcionários de emergência e não fique nas faixas de tráfego. Se sinalizadores, triângulos de emergência ou refletores estiverem disponíveis, coloque-os a 200 pés, ou mais, na frente e atrás da cena do acidente para alertar o tráfego que se aproxima.

**72)** Nas rodovias interestaduais, os veículos mais lentos devem trafegar _____, exceto nas ultrapassagens.

A) Na faixa da esquerda
B) Na faixa da direita
C) Na faixa do meio
D) Na faixa do ombro

Resposta correta: B). Nas rodovias interestaduais, os veículos mais lentos devem trafegar na faixa da direita, exceto nas ultrapassagens.

**73)** A passagem não é permitida em nenhum dos lados de uma estrada quando:

A) Um lado tem uma linha amarela quebrada.
B) Ambos os lados têm linhas amarelas sólidas.
C) Ambos os lados têm linhas amarelas quebradas.
D) Qualquer uma das opções acima é verdadeira.

Resposta correta: B). Uma linha amarela dupla significa que os veículos em ambas as direções estão proibidos de passar.

**74)** Em Massachusetts, é contra a lei virar à esquerda em um sinal vermelho, EXCETO ao virar:

A) De uma rua de mão única para uma rua de mão dupla.
B) De uma rua de mão dupla para uma rua de mão única.
C) De uma rua de mão única para outra rua de mão única.
D) De uma rua de mão dupla para outra rua de mão dupla.

Resposta correta: C). Em Massachusetts, você pode virar à esquerda em um sinal vermelho somente se estiver virando de uma rua de mão única para outra rua de mão única. (Observação: as leis sobre conversão à esquerda no vermelho são diferentes em alguns outros estados. Alguns estados também permitem conversões à esquerda no vermelho de uma rua de mão dupla para uma rua de mão única. Alguns outros estados proíbem totalmente a conversão à esquerda no vermelho. Ao viajar fora do estado, sempre verifique as leis de trânsito locais.)

**75) Qual das seguintes afirmações sobre fazer curvas é verdadeira?**

A) Comece da pista mais distante de onde você quer ir.
B) Comece na pista mais próxima de onde você quer ir.
C) Comece sempre pela faixa mais à direita.
D) Comece sempre pela faixa mais à esquerda.

Resposta correta: B). Comece na pista mais próxima de onde você quer ir. Se você estiver virando à esquerda, puxe em direção ao ponto médio na interseção e espere com as rodas retas até que esteja livre para virar. Mantenha-se à esquerda do ponto médio ao virar. Se você estiver virando à direita, comece pela faixa da direita, mantendo-se o mais próximo possível do meio-fio.

**76) Ao ver um sinal amarelo piscando em um cruzamento, você deve:**

A) Permanecer parado até que o sinal fique verde.
B) Reduzir a velocidade e atravessar o cruzamento com cuidado.
C) Aumentar a velocidade e correr pelo cruzamento.
D) Parar e entrar no cruzamento somente quando for seguro.

Resposta correta: B). Um sinal amarelo piscando significa que você pode prosseguir apenas com cautela.

**77)** Se você se aproximar de um pedestre andando com uma bengala branca ou branca com ponta vermelha que está prestes a atravessar a rua, você deve:

A) Parar.
B) Fazer um desvio.
C) Buzinar.
D) Ir devagar.

Resposta correta: A). Um pedestre andando com uma bengala branca ou branca com ponta vermelha provavelmente é deficiente visual ou cego. Você deve parar e permanecer parado até que o pedestre com deficiência visual atravesse a via com segurança.

**78) Este sinal de regulamentação indica que:**

A) Os ciclistas não podem atravessar na interseção.
B) Os ciclistas não devem usar o acostamento da estrada.
C) Os automóveis de passageiros devem ceder às bicicletas.
D) Bicicletas são proibidas nesta rota.

Resposta correta: D). Os sinais de exclusão seletiva são retangulares com um círculo vermelho sobre fundo branco, ou um círculo vermelho com uma barra diagonal vermelha sobre fundo preto e branco. Esses sinais restringem ou proíbem veículos ou movimentos de veículos, ou proíbem alguma outra atividade. Este sinal de exclusão indica que bicicletas não são permitidas nesta rota.

**79) Em uma rodovia com várias faixas em uma direção, você deve usar _____ para ultrapassar.**

A) Qualquer pista
B) A faixa do meio
C) As pistas do meio ou da esquerda
D) A pista mais à direita

**80) Ao dirigir, ao ver uma placa de trânsito triangular, você deve:**

A) Parar completamente.
B) Reduzir sua velocidade e dar a preferência.
C) Aumentar sua velocidade.
D) Virar à direita.

## 81) Qual dessas afirmações sobre a maconha é verdadeira?

A) Fumar ou comer maconha torna mais fácil responder a imagens ou sons.
B) Operar um veículo sob a influência de maconha NÃO é crime.
C) Consumir maconha faz com que você reaja mais rapidamente a situações inusitadas.
D) A maconha causa uma grande perda de visão noturna.

Resposta correta: D). Fumar ou comer maconha torna mais difícil responder a imagens e sons. Isso o torna perigoso como motorista. Ela também reduz sua capacidade de lidar com uma série rápida de tarefas. O problema mais sério é enfrentar um acontecimento inesperado, como um carro vindo de uma rua lateral ou uma criança saindo correndo do meio de carros estacionados. Esses problemas pioram depois de escurecer, porque a maconha também causa uma perda ruim da visão noturna. [Drogas Ilícitas, Medicamentos e Outras Substâncias Controladas; Capítulo 2: Mantendo sua licença; Manual do Motorista RMV de Massachusetts]

## 82) Faróis de farol alto devem ser usados à noite:

A) Onde possa haver pessoas ao longo da estrada.
B) Em estradas desconhecidas e em áreas de construção.
C) Sempre que não houver veículos se aproximando.
D) Em todas essas situações.

Resposta correta: D). Use seus faróis altos sempre que não houver veículos se aproximando, em estradas desconhecidas, em áreas de construção ou onde possa haver pessoas ao longo da estrada em que você está trafegando.

## 83) Qual das seguintes afirmações sobre cruzamentos ferroviários é FALSA?

A) Você deve mudar de marcha ao cruzar trilhos de trem.
B) Nunca comece a atravessar se não houver espaço para o seu veículo do outro lado.
C) Você deve verificar se há mais de uma pista antes de cruzar.
D) Você deve ceder aos trens de cruzamento.

Resposta correta: A). Nunca bloqueie um cruzamento ferroviário. Espere até que haja espaço para o seu veículo do outro lado antes de atravessar. Ceda para cruzar trens. Não mude de marcha ao cruzar trilhos de trem, pois o veículo pode parar.

**84) Se você estiver em um cruzamento e ouvir a sirene de um veículo de emergência, você deve:**

A) Mover-se para a esquerda e parar no cruzamento.
B) Continuar pelo cruzamento, encostar à esquerda e parar.
C) Mover-se para a direita e parar no cruzamento.
D) Continuar pela interseção, encostar à direita e parar.

Resposta correta: D). Não bloqueie um cruzamento, mesmo que um veículo de emergência esteja se aproximando. Se você estiver em um cruzamento e ouvir ou ver um veículo de emergência se aproximando, continue pelo cruzamento. Em seguida, puxe para a direita assim que puder e pare.

**85) Se não houver limites de velocidade reduzidos nas zonas de trabalho, você deve:**

A) Dirigir a uma velocidade de 45 mph.
B) Conduzir a uma velocidade superior a 70 mph.
C) Obedecer ao limite de velocidade normal afixado.
D) Conduzir a uma velocidade inferior a 50 mph.

Resposta correta: C). Em muitas zonas de trabalho, os limites de velocidade podem ser reduzidos e o uso da faixa pode ser restrito por questões de segurança. Se não houver limites de velocidade reduzidos, você deve obedecer ao limite de velocidade normal.

## 86) Este sinal indica:

A) O início de uma rua de mão única.
B) Uma estrada dividida à frente.
C) O tráfego se funde à frente.
D) Início de uma via de mão dupla.

Resposta correta: D). Este sinal de aviso indica o fim de uma estrada de mão única e o início de uma estrada de mão dupla. Prepare-se para o tráfego que se aproxima.

## 87) Os sinais de zona de trabalho ou zona de construção geralmente têm

A) Letras brancas em um fundo laranja.
B) Letras pretas em um fundo amarelo.
C) Letras pretas em um fundo laranja.
D) Letras brancas em um fundo amarelo.

Resposta correta: C). Os sinais de construção, manutenção ou operações de emergência são geralmente sinais laranja retangulares ou em forma de diamante com letras ou símbolos pretos. Eles avisam os motoristas que as pessoas estão trabalhando na estrada ou perto dela.

## 88) Ao diminuir a velocidade ou parar, você deve:

A) Usar um sinal manual para alertar o motorista atrás de você se as luzes de freio do seu veículo não funcionarem.
B) Usar as luzes de freio para alertar o motorista atrás de você.
C) Fazer ambos A e B.
D) Fazer A ou B.

Resposta correta: D). Ao diminuir a velocidade ou parar, você deve usar as luzes de sinalização operadas pelo freio ou um sinal manual se os sinais do seu veículo não funcionarem.

## 89) _____ podem ser usados em zonas de trabalho durante o dia e a noite para orientar os motoristas em determinadas faixas de tráfego.

A) Pessoas sinalizadoras (sinalizadores)
B) Sinais de alerta ferroviário
C) Barricadas
D) Grandes painéis de seta intermitentes ou sequenciais

Resposta correta: D). Grandes painéis de setas intermitentes ou sequenciais podem ser usados em zonas de trabalho tanto de dia quanto de noite para orientar os motoristas em determinadas faixas de tráfego e informá-los de que parte da estrada ou rua à frente está fechada.

## 90) Ao fazer uma conversão à esquerda em um cruzamento, você deve ceder o direito de passagem para:

A) Outros veículos já na interseção.
B) Tráfego que se aproxima.
C) Pedestres.
D) Todas as opções acima.

Resposta correta: D). Ao fazer uma conversão à esquerda em um cruzamento, você deve ceder o direito de passagem aos pedestres, outros veículos que já estejam no cruzamento e ao tráfego que se aproxima. A lei diz quem deve ceder o direito de passagem; não dá a ninguém o direito de passagem.

**91) Se um animal de repente correr na frente do seu veículo, você deve:**

A) Concentrar-se em manter o controle do seu veículo.
B) Dirigir rapidamente ao redor do animal.
C) Usar a buzina e prosseguir.
D) Aplicar os freios o mais forte que puder.

Resposta correta: A). Se um animal correr repentinamente na frente do seu veículo, faça o possível para controlar o veículo e evitar uma colisão.

**92) O que esse sinal indica?**

A) Você deve fazer uma curva à direita.
B) Você deve ir reto.
C) Você pode seguir reto ou virar à esquerda.
D) Você pode seguir em frente ou virar à direita.

Resposta correta: D). Este é um sinal regulamentar que orienta você a seguir em frente ou virar à direita.

**93) Este sinal adverte sobre:**

A) Uma estrada sinuosa à frente.
B) Uma curva acentuada à frente.
C) Um meio à frente.
D) Uma estrada estreita à frente.

Resposta correta: A). Este sinal adverte sobre uma estrada sinuosa à frente. A estrada na placa tem mais curvas; você deve desacelerar.

**94) Quando você ver uma linha central amarela sólida no seu lado da estrada, você deve:**

A) Parar.
B) Não passar.
C) Mudar de faixa.
D) Não aumentar sua velocidade.

Resposta correta: B). Muitas estradas têm marcações de pista que informam quando você não consegue enxergar longe o suficiente para passar. Você não deve ultrapassar quando houver uma linha central amarela sólida do seu lado da estrada.

**95) O que essas setas duplas significam?**

A) Rodovia dividida termina.
B) Rodovia dividida começa.
C) Tráfego de mão dupla à frente.
D) O tráfego pode fluir em ambos os lados.

Resposta correta: D). Este sinal significa que o tráfego na estrada pode fluir em ambos os lados do sinal.

**96) A cada ano, há _____ acidentes com veículos motorizados em Massachusetts.**

A) Cerca de 50.000
B) Pouco menos de 100.000
C) Aproximadamente 120.000
D) Mais de 130.000

Resposta correta: D). A cada ano, ocorrem mais de 130.000 acidentes com veículos motorizados em Massachusetts. Você pode diminuir as chances de um acidente obedecendo às regras de trânsito, seguindo as instruções do manual do motorista e aprendendo a dirigir defensivamente.

**97) Ao dirigir em uma rotatória, você é abordado por um veículo de emergência usando uma sirene, buzina a ar ou luz vermelha ou azul piscando. O que você deveria fazer?**

A) Puxar para a direita na rotatória.
B) Parar na rotatória.
C) Puxar para a esquerda na rotatória.
D) Continuar até a saída e encostar à direita.

Resposta correta: D). Nunca pare ou encoste no meio de um cruzamento, mesmo se houver um veículo de emergência se aproximando. E uma rotatória é um tipo de interseção. Se você estiver em uma rotatória e for abordado por um veículo de emergência usando uma sirene, buzina a ar ou luz vermelha ou azul piscando, não pare ou encoste dentro da rotatória. Continue até a saída, encoste e deixe o veículo de emergência passar.

**98) Se um pneu furar repentinamente enquanto você dirige, você deve:**

A) Frear até parar na estrada.
B) Conduzir para o lado esquerdo da estrada.
C) Aumentar a sua velocidade para controlar o seu veículo.
D) Segure o volante com firmeza e manter o veículo em linha reta.

Resposta correta: D). Se um pneu furar repentinamente enquanto você estiver dirigindo, segure o volante com firmeza e mantenha o veículo em linha reta. Desacelere gradualmente. Tire o pé do acelerador e aplique os freios levemente.

**99) Você está viajando em uma estrada de duas pistas. Se um veículo à sua frente parar para um pedestre, você deve:**

A) Alertar o veículo parado para fazer um desvio.
B) Mudar de faixa e ultrapasse o veículo rapidamente.
C) Não ultrapassar o veículo parado.
D) Reduzir a velocidade e ultrapassar o veículo lentamente.

Resposta correta: C). Quando um veículo à sua frente parar para um pedestre, você não deve ultrapassá-lo, mesmo que haja duas faixas disponíveis. Este é um perigo frequente para os pedestres.

**100) Uma faixa central entre as faixas opostas de tráfego pode ser designada para:**

A) Ultrapassagem.
B) Apenas curvas à esquerda.
C) Apenas curvas à direita.
D) Tudo o que precede.

Resposta correta: B). Uma faixa central entre as faixas opostas de tráfego pode ser designada apenas para conversões à esquerda. Veículos de qualquer direção podem usar esta faixa central para curvas à esquerda. Essa faixa, conhecida como faixa central compartilhada para conversão à esquerda, é marcada por linhas amarelas contínuas e interrompidas paralelas e às vezes é acompanhada por setas brancas na calçada. Tal faixa nunca deve ser usada para ultrapassagens.

**101) Batidas traseiras são comuns em rodovias porque muitos motoristas:**

A) Dirigem sob a influência de álcool.
B) Não usam faróis.
C) Não mantêm a distância mínima de segurança necessária.
D) Demoram muito para aplicar os freios.

Resposta correta: C). Seguir muito de perto (tailgating) é a principal causa de colisões traseiras nas rodovias.

**102) Qual das seguintes afirmações sobre faróis é FALSA?**

A) Os faróis altos são usados ao viajar atrás de outros veículos.
B) Os faróis baixos são usados ao viajar na neblina, chuva ou neve.
C) Os faróis baixos são usados na condução na cidade e no trânsito.
D) Os faróis altos são usados em condução em campo aberto, quando não há tráfego à vista.

Resposta correta: A). Você deve usar farol alto quando estiver dirigindo em campo aberto e não houver tráfego à vista. Os faróis altos ajudam você a ver mais à frente, mas podem cegar o motorista de um veículo próximo. Eles também podem refletir a precipitação, causando ofuscamento. Você deve usar faróis baixos quando estiver trafegando atrás de outro veículo ou quando outro veículo estiver se aproximando. Use também faróis baixos em neblina, chuva ou neve.

**103) Ao passar de uma rua de mão única para uma via de mão dupla ou dividida, sempre vire para:**

A) A faixa da direita.
B) A faixa da esquerda.
C) A faixa mais próxima do meio-fio.
D) A faixa mais distante do meio-fio.

Resposta correta: C). Ao passar de uma rua de mão única para uma via de mão dupla ou dividida, sempre vire da faixa mais próxima do meio-fio

**104) _____ são o tipo de acidente mais frequente nas interestaduais.**

A) Colisões traseiras
B) Colisões laterais
C) Colisões frontais
D) Colisões de caminhões

Resposta correta: A). As colisões traseiras são o tipo mais frequente de colisão nas rodovias interestaduais, e seguir muito de perto (tailgating) é a principal causa. Sempre mantenha um espaço de pelo menos três segundos entre você e o veículo à frente. Conte até pelo menos quatro segundos em condições ruins, ao dirigir na rodovia e ao seguir uma motocicleta.

**105) De acordo com a Lei da Bengala Branca, de Massachusetts, se você vir um pedestre usando um cão-guia ou outro animal de serviço ou carregando uma bengala branca em um cruzamento, você deve:**

A) Parar para o pedestre.
B) Reduzir a velocidade e prosseguir devagar.
C) Ligar os faróis para alertar o pedestre.
D) Tocar a buzina para alertar o pedestre

Resposta correta: A). Se você ver um pedestre cego ou com deficiência visual na via, pare até que a pessoa saia da via. (Observação: as leis sobre isso são ligeiramente diferentes em alguns outros estados. Em alguns estados, você deve parar a pelo menos 3 metros de um pedestre cego ou com deficiência visual. Ao viajar para fora do estado, sempre verifique as leis de trânsito locais.) Não use sua buzina; isso poderia assustar o pedestre cego.

**106) Ao entrar em uma via pavimentada de uma estrada particular, uma entrada de automóveis ou uma estrada não pavimentada, você deve:**

A) Parar completamente e virar à direita na estrada em que você está entrando.
B) Reduzir a velocidade e dar preferência a pedestres, ciclistas ou veículos na estrada em que você está entrando.
C) Parar completamente e virar à esquerda na estrada em que você está entrando.
D) Parar completamente e dar preferência a pedestres, ciclistas ou veículos na estrada em que você está entrando.

Resposta correta: D). Se você estiver entrando em uma via pavimentada vindo de uma estrada particular, uma entrada de automóveis ou uma estrada não pavimentada, você deve parar e dar a preferência aos pedestres e outros veículos.

**107) Nas rodovias de Massachusetts, qual é o limite de velocidade em condições ideais de direção?**

A) Entre 25 e 40 mph
B) Entre 50 e 65 mph
C) Não inferior a 75 mph
D) Cerca de 80 mph

Resposta correta: B). A maioria das estradas do estado têm limites de velocidade. Em Massachusetts, as rodovias de acesso limitado, como as rotas interestaduais, têm limites de velocidade de 50 a 65 mph. (Observação: em rodovias de acesso limitado em outros estados, os limites de velocidade podem ser diferentes. Ao viajar para fora do estado, sempre verifique as leis de trânsito locais.)

**108) Em uma estrada de mão dupla, uma _____ permite que você atravesse temporariamente para a pista oposta para ultrapassar um veículo, se for seguro fazê-lo.**

A) Linha amarela sólida
B) Linha branca sólida
C) Seta esquerda
D) Linha amarela quebrada

Resposta correta: D). Uma linha amarela quebrada separa as faixas de tráfego que se movem em direções opostas. Você pode cruzar uma linha amarela quebrada temporariamente para ulpassar, se for seguro fazê-lo.

**109) Um símbolo de losango branco na calçada da pista indica que:**

A) A faixa é reservada apenas para pedestres.
B) A faixa é reservada apenas para veículos de emergência.
C) A faixa é reservada apenas para ônibus escolares.
D) A faixa é reservada apenas para ônibus ou veículos de alta ocupação.

Resposta correta: D). Um símbolo de losango branco significa que há uma restrição de faixa especial, como "somente veículos de alta ocupação (HOV)", "somente ônibus" ou "somente bicicletas".

**110)** Para proteger os ciclistas que podem andar perto de carros estacionados, os motoristas devem _____ ao sair de seus veículos no lado do tráfego.

A) Ligar piscas de emergência
B) Trancar o veículo
C) Usar o método "Dutch Reach"
D) Buzinem

Resposta correta: C). Ao estacionar na beira da estrada, nunca abra a porta do veículo estacionado sem primeiro se certificar de que não colocará em perigo nenhuma outra pessoa ou veículo ou interferirá no trânsito. Geralmente, uma boa prática é usar o método "Dutch Reach": 1) verifique o espelho retrovisor; 2) abra a porta do motorista com a mão direita, pois isso forçará uma verificação do ombro ao mesmo tempo. Tome precauções extras para evitar abrir uma porta no caminho dos ciclistas, pois estes costumam andar perto de carros estacionados. Quando você precisar abrir uma porta próxima ao tráfego, mantenha-a aberta apenas o tempo suficiente para carregar ou descarregar passageiros.

**111) Qual é a velocidade mínima na Massachusetts Turnpike?**

A) 40 mph
B) 50 mph
C) 60 mph
D) 20 mph

Resposta correta: A). Algumas estradas podem ter velocidades mínimas. Você não tem permissão para dirigir mais devagar do que a velocidade mínima. Por exemplo, há uma velocidade mínima de 40 mph na Massachusetts Turnpike.

**112)** Se estiver sendo ultrapassado por outro veículo, você deve _____ e permitir que o outro motorista o ultrapasse com segurança.

A) Puxar o veículo para a esquerda, reduzir a velocidade
B) Acelerar, mover-se para a faixa da direita
C) Continuar na mesma velocidade
D) Desacelerar, manter-se à direita

Resposta correta: D). Ao ser ultrapassado por outro veículo, você deve reduzir a velocidade, manter-se à direita e permitir que o outro motorista o ultrapasse com segurança.

**113) Este sinal é:**

A) Um sinal de alerta antecipado para um cruzamento ferroviário.
B) Um sinal de estrada de mão única.
C) Um sinal de reparo de estrada.
D) Um sinal de encruzilhada.

Resposta correta: A). Este é um sinal de alerta antecipado para um cruzamento ferroviário à frente. Esses sinais são normalmente colocados de 350 a 500 pés à frente de um cruzamento ferroviário. Fique atento aos sinais de alerta e aos trens que se aproximam. Desacelere e prepare-se para parar.

**114) Uma rotatória é uma interseção com:**

A) Luzes de trânsito
B) Uma ilha central.
C) Um sinal de pare.
D) Um sinal de não entrar.

Resposta correta: B). As rotatórias são muito mais comuns em Massachusetts do que em outras partes do país. Uma rotatória é uma interseção circular na qual o tráfego circula no sentido anti-horário em torno de uma ilha central. Nas rotatórias maiores, o tráfego pode fluir a até 40 mph. As rotatórias são semelhantes, mas menores, e o tráfego circula mais devagar (a 40 km/h ou menos).

**115)** Quando não houver espaço suficiente para uma inversão de marcha, você deve fazer:

A) Uma volta de cinco pontos.
B) Uma volta de dois pontos.
C) Uma volta de três pontos.
D) Uma volta de quatro pontos.

Resposta correta: C). Se não houver espaço suficiente para fazer uma inversão de marcha, considere fazer uma curva de três pontos. Essa manobra deixará seu veículo virado na direção oposta. Essa conversão só deve ser usada quando a rua é estreita, a visibilidade é boa, o trânsito é tranquilo, a conversão é legal e não há outra opção.

**116) Este sinal indica:**

A) Travessias de pedestres em um cruzamento.
B) Um parque infantil.
C) Um ponto de ônibus escolar.
D) Uma zona escolar.

Resposta correta: D). Este sinal avisa que você está entrando em uma zona escolar. O limite de velocidade em torno de uma escola em funcionamento é de 20 mph. Diminua a velocidade e prossiga com cautela.

**117) Ao se preparar para sair de uma rodovia, você deve sinalizar _____ antes de chegar à rampa de saída.**

A) A pelo menos 500 pés
B) A pelo menos 400 pés
C) A pelo menos 200 pés
D) A pelo menos 100 pés

Resposta correta: A). Para sair de uma rodovia, planeje a saída com bastante antecedência. Informe suas intenções a outras pessoas, sinalizando a pelo menos 500 pés (cerca de um décimo de milha) antes de chegar à saída. Lembre-se de que a 65 mph, seu veículo percorrerá 500 pés em apenas 5,2 segundos.

**118) Estudos do *National Safety Council* e do *Insurance Institute for Highway Safety* mostram que uma carreta totalmente carregada pode demorar _____ em comparação com um veículo de passeio.**

A) O dobro da distância para parar
B) O triplo da distância para parar
C) 100 pés a mais para parar
D) 50 pés a mais para parar

Resposta correta: A). Estudos do *National Safety Council* e do *Insurance Institute for Highway Safety* mostram que um reboque de trator totalmente carregado pode demorar duas vezes mais para parar do que um veículo de passeio.

**119) É ilegal seguir _____ atrás de um veículo de emergência respondendo a um alarme.**

A) Mais que 300 pés
B) Mais perto que 450 pés
C) Mais perto que 600 pés
D) Mais de 400 pés

Resposta correta: A)

**120) Se o seu veículo derrapar em uma estrada com gelo, gire o volante:**

A) Para a esquerda.
B) Na direção da derrapagem.
C) No sentido contrário ao dos pneus.
D) Para a direita.

Resposta correta: B). Se o seu veículo começar a derrapar, gire o volante na direção da derrapagem. Se os pneus traseiros estiverem derrapando para a esquerda, vire o volante para a esquerda. Se os pneus estiverem derrapando para a direita, vire para a direita.

**121) Você pode ultrapassar um ônibus escolar parado com os sinais vermelhos piscando?**

A) Não, você deve parar completamente.
B) Sim, mas primeiro você deve parar completamente e depois ceder antes de prosseguir.
C) Sim, mas você deve desacelerar e se preparar para parar.
D) Sim, mas você não pode exceder 20 mph ao fazê-lo.

Resposta correta: A). Os veículos que circulam em ambos os lados da estrada devem parar para um ônibus escolar que esteja parado com sinais vermelhos piscando. Os veículos devem permanecer parados até que os sinais vermelhos parem de piscar. [Respeito na Estrada/Compartilhamento da Estrada, Capítulo 4: Regras da Estrada, Manual do Motorista do Estado de Massachusetts]

**122) Em uma rodovia, você está se preparando para descer na próxima saída. Nenhum outro veículo está por perto. Ainda precisa sinalizar?**

A) Sim, por pelo menos 500 pés.
B) Não.
C) Sim, mas apenas por um momento.
D) Sim, tempo suficiente para demonstrar suas intenções.

Resposta correta: A). De acordo com a lei de Massachusetts, nas estradas você deve sinalizar por pelo menos 30 metros antes de virar. E, nas rodovias, você deve sinalizar por pelo menos 500 pés antes de chegar à saída. Você deve sinalizar mesmo quando não vê nenhum outro veículo por perto. O veículo mais perigoso pode ser aquele que você não vê. [Faixas, cruzamentos e curvas, Capítulo 4: Regras da estrada, Manual do motorista do estado de Massachusetts]

## 123) Qual das seguintes opções é verdadeira sobre as zonas de estacionamento proibido?

A) Você só pode parar nelas temporariamente para carregar ou descarregar passageiros ou mercadorias.
B) Você pode parar nelas a qualquer momento.
C) Você só pode parar nelas para obedecer a outra regra da estrada.
D) Você só pode parar nelas temporariamente para carregar ou descarregar passageiros durante a noite.

Resposta correta: A). Em uma zona sem estacionamento, você pode parar para carregar ou descarregar temporariamente passageiros ou mercadorias. [Estacionamento, Capítulo 4: Regras de Trânsito, Manual do Motorista do Estado de Massachusetts]

## 124) Quando você pode virar à esquerda em um sinal vermelho?

A) A qualquer momento.
B) Nunca.
C) Quando você está entrando em uma via expressa.
D) Quando você está virando de uma estrada de mão única para outra estrada de mão única.

Resposta correta: D). Em Massachusetts, você tem permissão para virar à esquerda em um sinal vermelho de uma rua de mão única para outra rua de mão única, a menos que os sinais o proíbam. Antes de virar à esquerda, você deve parar completamente e ceder aos pedestres e ao tráfego que se aproxima. (Observação: as leis sobre conversões à esquerda no vermelho são diferentes em alguns outros estados. Alguns estados também permitem conversões à esquerda no vermelho de uma rua de mão dupla para uma rua de mão única. Por outro lado, alguns outros estados proíbem conversões à esquerda em completamente vermelho. O mesmo acontece com a cidade de Nova York, a menos que os sinais indiquem o contrário. Ao viajar para fora do estado, sempre verifique as leis de trânsito locais.)

## 125) O que esse sinal significa?

A) Há um heliporto à frente.
B) Há uma encruzilhada à frente.
C) Há um hospital à frente.
D) Há um cruzamento ferroviário à frente.

Resposta correta: B). Este sinal adverte sobre uma encruzilhada à frente. Diminua a velocidade e prepare-se para o cruzamento. [Sinais de Trânsito, Capítulo 4: Regras de Trânsito, Manual do Motorista do Estado de Massachusetts]

## 126) Você estacionou virado para cima. Se o seu veículo tiver uma transmissão automática, você deve colocá-lo no estacionamento. Se o veículo tiver uma transmissão manual, você deve colocá-lo:

A) Em primeira marcha.
B) Na marcha mais alta.
C) Em ponto morto.
D) Em marcha à ré.

Resposta correta: A). Ao estacionar um veículo, você deve ajustar a transmissão para evitar que o veículo role se os freios falharem. Se o seu veículo estiver voltado para cima, ele poderá rolar para trás. Portanto, você deve colocar uma transmissão automática em estacionamento e uma transmissão manual em primeira marcha para máximo torque de avanço. Sempre acione também o freio de estacionamento. [Estacionamento, Capítulo 4: Regras de Trânsito, Manual do Motorista do Estado de Massachusetts]

## 127) Você tem permissão para dirigir em uma faixa com este sinal?

A) Sim, mas apenas se tiver no mínimo um passageiro.
B) Sim.
C) Sim, mas apenas se tiver pelo menos dois passageiros.
D) Não, apenas ônibus são permitidos nesta faixa.

Resposta correta: A). Este sinal significa que esta faixa é uma faixa de veículos de alta ocupação (HOV). Ele afirma que um veículo deve ter dois ou mais ocupantes para ser permitido na pista. Portanto, você precisa de pelo menos um passageiro. [Marcas de Pavimento, Capítulo 4: Regras de Trânsito, Manual do Motorista do Estado de Massachusetts]

## 128) Você está viajando na pista da direita de uma rodovia de quatro pistas. Você vê um veículo de emergência parado com as luzes piscando à frente. Qual dos seguintes é verdadeiro?

A) Você deve deixar uma faixa vazia entre seu veículo e o veículo de emergência.
B) Você deve deixar uma faixa vazia entre seu veículo e o veículo de emergência, mas apenas à noite.
C) Você deve deixar uma faixa vazia entre seu veículo e o veículo de emergência onde o limite de velocidade exceda 40 mph.
D) Você pode prosseguir normalmente.

Resposta correta: A). De acordo com a Lei de Deslocamento de Massachusetts, se você estiver se aproximando de um veículo de emergência parado com luzes piscando em uma estrada de várias faixas, você deve deixar uma faixa vazia entre você e o veículo de emergência. Se você precisar trocar de pista para cumprir esta regra, faça-o apenas se for seguro. [Veículo de Emergência Estacionário, Capítulo 5: Situações Especiais de Condução, Manual do Motorista do Estado de Massachusetts]

**129) Você se aproxima de um ônibus escolar que parou no lado oposto de uma rodovia dividida. Seus sinais vermelhos estão piscando. Você precisa parar aqui?**

A) Sim, você deve parar brevemente e ceder aos pedestres na estrada.
B) Sim, você deve parar até que o ônibus desligue seus sinais vermelhos.
C) Não, você não precisa parar por aqui.
D) Não, mas você deve reduzir a velocidade para 40 km/h ou menos e proceder com cuidado.

Resposta correta: C). Normalmente, os veículos que viajam em qualquer direção devem parar para um ônibus escolar que parou para passageiros. No entanto, esta regra não se aplica se o ônibus escolar estiver no lado oposto de uma via dividida (uma via com canteiro central ou barreira não transitável). [Respeito na Estrada/ Compartilhamento da Estrada, Capítulo 4: Regras da Estrada, Manual do Motorista do Estado de Massachusetts]

## 130) Você vê uma pista com losangos brancos pintados. O que eles querem dizer?

A) Esta é uma faixa de parada de emergência.
B) Esta via está fechada.
C) Esta é uma via reservada.
D) Esta é uma faixa exclusiva para ônibus.

Resposta correta: C). Esta é uma faixa reservada ou restrita. Apenas certos tipos de veículos podem trafegar nesta faixa. Exemplos incluem faixas para veículos de alta ocupação (HOV) e faixas para ônibus. Os sinais próximos devem indicar que tipos de veículos podem usar esta faixa. [Marcas de Pavimento, Capítulo 4: Regras de Trânsito, Manual do Motorista do Estado de Massachusetts]

## 131) A primeira regra de uma curva segura e legal é:

A) Para cortar cantos ao virar.
B) Para aumentar sua velocidade.
C) Para reduzir sua velocidade.
D) Para mover para a pista adequada bem antes da curva.

Resposta correta: D). A primeira regra para uma curva segura e legal é mover-se para a faixa correta bem antes da curva. Para virar à esquerda, mova-se para a faixa mais à esquerda, a menos que sinais, placas ou marcações na estrada indiquem o contrário. Para virar à direita, mova-se para a faixa mais à direita, a menos que sinais, placas ou marcações na estrada indiquem o contrário.

**132) Os sinais de alerta de tráfego em zonas de trabalho são geralmente:**

A) Azuis.
B) Vermelhos.
C) Laranjas.
D) Verdes.

Resposta correta: C). Os sinais de alerta de trânsito nas zonas de trabalho são geralmente laranja. Vermelho indica situações de trânsito perigosas.

**133) Ao chegar a um cruzamento, siga a _____ antes de prosseguir.**

A) Regra esquerda-direita-esquerda
B) Regra direita-esquerda-direita
C) Regra esquerda-esquerda-direita
D) Regra esquerda-direita

Resposta correta: A). Ao chegar a um cruzamento, siga a regra esquerda-direita-esquerda: olhe primeiro para a esquerda porque os veículos que vêm da esquerda estão mais próximos de você. Em seguida, olhe para a direita. Finalmente, dê mais uma olhada à sua esquerda antes de prosseguir. Você pode ver um veículo à sua esquerda que não viu na primeira vez que olhou.

## 134) O que esse sinal significa?

A) Uma curva cega está à frente.
B) Uma curva acentuada à direita está à frente.
C) Uma rodovia dividida termina à frente.
D) Uma ilha ou divisor de tráfego está à frente.

Resposta correta: D). Este sinal significa que há um divisor ou ilha de tráfego à frente. Mantenha direita.

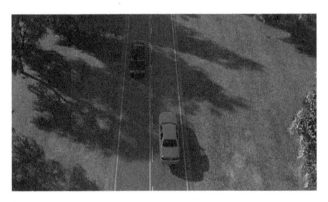

## 135) Quando você encontrar uma linha amarela contínua e quebrada entre as faixas de tráfego opostas, NÃO deve ultrapassá-las:

A) Se a linha amarela sólida não estiver do seu lado.
B) Se a linha amarela quebrada estiver do seu lado.
C) De forma alguma.
D) Se a linha amarela contínua estiver do seu lado.

Resposta correta: D). Onde houver uma linha amarela sólida e uma linha tracejada entre as faixas de tráfego opostas, você não pode passar se a linha amarela contínua estiver do seu lado.

**136) Ao ultrapassar outro veículo, passe pelo ponto cego do outro motorista o mais rápido que puder:**

A) Ao mudar de marcha.
B) Reduzindo sua velocidade.
C) Aumentando sua velocidade.
D) Sem ultrapassar o limite de velocidade.

Resposta correta: D). Ao ultrapassar outro veículo, ultrapasse o ponto cego do outro motorista o mais rápido possível, sem exceder o limite de velocidade. Quanto mais tempo você permanecer no ponto cego, mais tempo estará em perigo de colisão.

**137) O motorista de um carro que está sendo ultrapassado deve _____ até que a ultrapassagem seja concluída.**

A) Aumentar a velocidade
B) Mover-se para a esquerda
C) Não aumentar a velocidade
D) Parar

Resposta correta: C). O motorista de um carro sendo ultrapassado não deve aumentar a velocidade até que a ultrapassagem seja concluída.

**138) Você deve fazer uma parada completa em todas as situações a seguir, EXCETO:**

A) Em um sinal de trânsito amarelo piscando.
B) Em um sinal de pare.
C) Em um sinal de trânsito vermelho constante.
D) Em um sinal de trânsito vermelho piscando.

Resposta correta: A). Um semáforo amarelo piscando significa que você deve diminuir a velocidade, verificar o tráfego cruzado e prosseguir com cuidado.

**139) Ao se preparar para deixar uma vaga de estacionamento paralela, você deve:**

A) Olhar para os retrovisores.
B) Olhar por cima do ombro.
C) Indicar sua intenção sinalizando.
D) Fazer todos os itens acima.

Resposta correta: D). Ao se preparar para deixar uma vaga de estacionamento paralela, você deve olhar por cima do ombro e também nos retrovisores. Então espere até que o caminho esteja livre antes de entrar no trânsito. Você também deve indicar sua intenção sinalizando, entrar no trânsito na faixa mais próxima e permanecer nessa faixa até que seja seguro mudar para outra faixa.

**140) O teste de visão para carteira de motorista avalia:**

A) Acuidade.
B) Visão colorida.
C) Visão periférica.
D) Tudo o que precede.

Resposta correta: D). O teste de visão avalia 1) acuidade – quão claramente você vê; 2) visão periférica – até que ponto você pode ver para qualquer lado enquanto olha para frente; 3) percepção de cores.

**141) A menos que seja proibido, você deve usar a curva de três pontos para:**

A) Ultrapassar outro veículo em uma estrada estreita.
B) Virar em uma rua estreita.
C) Mudar de faixa.
D) Virar à esquerda.

Resposta correta: B). Ruas estreitas são uma fonte de acidentes. A menos que seja proibido, você deve usar a curva de três pontos para virar em uma rua estreita.

**142)** Ao sair de uma rodovia de alta velocidade e de duas pistas, _____ se tiver trânsito seguindo você.

A) Aumente sua velocidade
B) Freie com força
C) Tente desacelerar o mais rápido possível
D) Tente não desacelerar de repente

Resposta correta: D). Ao sair de uma rodovia de alta velocidade e com duas pistas, tente não diminuir a velocidade abruptamente. Use seus indicadores de direção para que outros motoristas saibam suas intenções. Toque no freio e reduza a velocidade com rapidez, mas com segurança.

**143)** Se você for condenado por não parar para um ônibus escolar parado com luzes vermelhas piscando em uma estrada não dividida, você será multado em até _____ pela primeira ofensa.

A) $ 100
B) $ 250
C) $ 125
D) $ 175

Resposta correta: B). De acordo com a lei de Massachusetts, você deve parar para um ônibus escolar parado com luzes vermelhas piscando em uma estrada não dividida, não importa em que lado da estrada ele esteja parado. Se você for condenado por violar esta lei, será multado em até US$ 250 na primeira infração, entre US$ 500 e US$ 1.000 na segunda infração e entre US$ 1.000 e US$ 2.000 na terceira infração ou subsequente. Além disso, para uma primeira condenação, sua licença pode ser suspensa. Para uma segunda, terceira ou subsequente condenação, sua licença será revogada. [MA Gen Leis cap. 90 § 14]

**144) Um semáforo vermelho piscando deve ser tratado como:**

A) Um sinal de não entrar.
B) Um sinal de pare.
C) Um sinal de dar a preferência.
D) Um sinal de entroncamento.

Resposta correta: B). Um semáforo vermelho piscando deve ser tratado como um sinal de parada. Ou seja, você deve parar completamente e prosseguir quando for seguro fazê-lo.

**145) Você dirige até um cruzamento e vê esta placa. O que você deveria fazer?**

A) Encontrar outra rota; você não pode prosseguir por aqui.
B) Reduzir a velocidade e prosseguir apenas se o cruzamento estiver livre.
C) Parar completamente e depois prosseguir.
D) Parar completamente e ceder a qualquer tráfego antes de prosseguir.

Resposta correta: D)

**146)** Você chega a um cruzamento ferroviário. A travessia tem luzes vermelhas piscando e uma campainha de alerta. Você pode ver que um trem está se aproximando. Qual dos seguintes é verdadeiro?

A) Você deve parar a pelo menos 15 pés de distância do poste de luz ou da cancela.

B) Você pode atravessar os trilhos assim que o trem passar.

C) Ambas A e B são verdadeiras.

D) Nem A nem B são verdadeiras.

Resposta correta: A). Ao parar em um cruzamento ferroviário, você deve ficar a pelo menos 15 pés de distância do poste de luz ou da cancela. Você não deve atravessar enquanto as luzes de sinalização estiverem piscando, a campainha de advertência estiver soando ou a cancela da barreira não estiver completamente levantada. [Sinais de Trânsito, Capítulo 4: Regras de Trânsito, Manual do Motorista do Estado de Massachusetts]

**147) Qual das seguintes são verdadeiras?**

A) Qualquer passageiro com pelo menos 16 anos de idade pode ser multado por não usar o cinto de segurança.

B) Você pode ser multado por dirigir sem cinto de segurança.

C) Você pode ser multado por transportar passageiros menores de 16 anos que não estejam usando cintos de segurança.

D) Todas as opções acima são verdadeiras.

Resposta correta: D). Você deve garantir que todos no seu veículo estejam usando cinto de segurança ou sistema de proteção infantil adequado. Em Massachusetts, você pode ser multado por dirigir sem cinto de segurança ou transportar qualquer passageiro menor de 16 anos sem o cinto de segurança colocado. Qualquer passageiro com pelo menos 16 anos de idade e que não use cinto de segurança pode ser multado. [Segurança de Veículos de Passeio, Capítulo 3: Segurança em Primeiro Lugar, Manual do Motorista do Estado de Massachusetts]

**148) Antes de deixar seu carro estacionado sem vigilância, o que você deve fazer?**

A) Desligar o motor, mas deixar a chave dentro.

B) Desligar o motor, acionar o freio de estacionamento, verificar se a ignição está travada, retirar a chave e trancar as portas.

C) Manter o motor funcionando.

D) Nenhuma das opções acima.

Resposta correta: B). A lei de Massachusetts exige que você desligue o motor, acione o freio, verifique se a ignição está travada, remova a chave e tranque a porta antes de deixar o carro sem vigilância. [Estacionamento, Capítulo 4: Regras de Trânsito, Manual do Motorista do Estado de Massachusetts]

**149) Você dirige até um cruzamento e vê esta placa. O que você deve fazer?**

A) Diminuir a velocidade e preparar-se para ceder aos pedestres e ao tráfego à frente.

B) Diminuir a velocidade e preparar-se para ceder ao tráfego à frente, mas você não precisará parar.

C) Manter sua velocidade porque todo o tráfego à frente deve ceder a você.

D) Parar completamente, ceder aos pedestres e ao tráfego à frente e prosseguir.

Resposta correta: A). Este é um sinal de rendimento. Ao se aproximar de uma placa de preferência, você deve reduzir a velocidade e se preparar para ceder aos pedestres e ao tráfego à frente. Você pode precisar parar também, então esteja pronto. [Sinais de Trânsito, Capítulo 4: Regras de Trânsito, Manual do Motorista do Estado de Massachusetts]

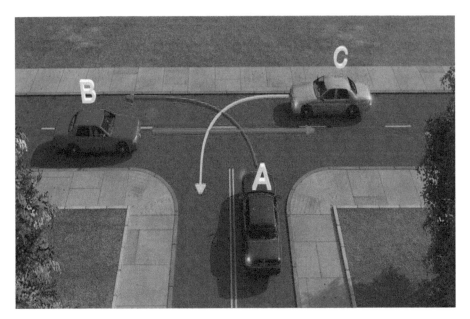

**150) Três carros chegam descontrolados em um cruzamento T. Em que ordem os carros devem proceder?**

A) A, C, B
B) C, B, A
C) A, B, C
D) B, C, A

Resposta correta: D). Em uma interseção em T, os carros na estrada (principal) (como B e C aqui) têm o direito de passagem, então o carro A deve ceder aos carros B e C. Os carros que fazem curva à esquerda devem ceder ao tráfego que se aproxima, então o carro C deve ceder ao carro B. Portanto, a ordem dos carros é B, C, A.

**151) O que esse sinal significa?**

A) O limite de velocidade legal é de 50 mph.
B) O limite de velocidade durante o dia é de 50 mph.
C) O limite de velocidade à noite é de 50 mph.
D) O limite de velocidade recomendado é de 50 mph.

Resposta correta: A). Este sinal regulamentar exibe o limite de velocidade máxima permitida. A presença dele indica que você não pode exceder 50 mph. [Limites de velocidade, Capítulo 4: Regras de trânsito, Manual do motorista do Estado de Massachusetts]

**152) Você chega a um cruzamento com um sinal verde. Qual dos seguintes é verdadeiro?**

A) Você não pode prosseguir.
B) Você está livre para prosseguir.
C) Você deve parar brevemente e ceder, e então você pode prosseguir.
D) Você está livre para prosseguir depois de ceder aos pedestres e ao tráfego que já estiverem no cruzamento.

Resposta correta: D). Você pode prosseguir em um sinal verde depois de ceder a todos os pedestres e ao tráfego que já estiver no cruzamento. [Sinais de Trânsito, Capítulo 4: Regras de Trânsito, Manual do Motorista do Estado de Massachusetts]

**153) Qual das seguintes afirmações é verdadeira sobre hidroplanagem?**

A) A hidroplanagem pode começar em velocidades tão baixas quanto 35 mph.
B) Se você hidroplanar, você deve dirigir em linha reta e frear firmemente.
C) O controle de cruzeiro é seguro para uso em estradas molhadas.
D) A condição dos seus pneus não afeta a probabilidade de hidroplanagem.

Resposta correta: A). A hidroplanagem (ou aquaplanagem) ocorre quando você dirige muito rápido sobre a água parada e efetivamente esquia sobre sua superfície. Mesmo com pneus bons, seu veículo pode começar a hidroplanar em velocidades tão baixas quanto 35 mph. (Pneus muito gastos podem fazer o veículo hidroplanar em velocidades tão baixas quanto 40 km/h.) Isso pode fazer o carro derrapar. Se você hidroplanar, tente evitar acelerar, virar ou frear; deixe o carro desacelerar. Não use o controle de cruzeiro em estradas molhadas. Se o veículo perder tração, o controle de cruzeiro pode patinar as rodas para tentar manter uma velocidade constante. Isso pode piorar ou até mesmo causar uma derrapagem. [Dirigindo Defensivamente, Capítulo 3: Segurança em Primeiro Lugar, Manual do Motorista do Estado de Massachusetts]

**154) O que esse sinal significa?**

A) Nenhuma curva direta à esquerda à frente.
B) Rotunda ou rotatória à frente.
C) Caminho errado; faça o retorno.
D) Curva de 270 graus à frente.

Resposta correta: D)

**155) Em Massachusetts, você deve responder a uma multa de trânsito dentro de:**

A) 30 dias.
B) 10 dias.
C) 20 dias.
D) 60 dias.

Resposta correta: C). Em Massachusetts, você tem 20 dias para responder a uma multa de trânsito. Se você não responder até então, você será considerado responsável e cobrado uma grande taxa de atraso. [Infrações Civis de Veículo Automotor; Violações e Penalidades de Veículos Automotores; Capítulo 2: Mantendo sua licença; Manual do Motorista RMV de Massachusetts]

**156) Para um Operador Júnior (ou seja, com menos de 18 anos) que possui uma licença de aprendiz, duas ou mais condenações por excesso de velocidade resultarão em suspensão por:**

A) 1 ano.
B) 6 meses.
C) 120 dias.
D) 90 dias.

Resposta correta: A). Para um Operador Júnior que possua uma licença de aprendiz, duas ou mais condenações por excesso de velocidade resultarão em suspensão por um ano. [Suspensões de Permissões Obrigatórias; Suspensão ou Revogação da Licença; Capítulo 2: Mantendo sua licença; Manual do Motorista RMV de Massachusetts]

**157) Se um Operador Júnior (ou seja, com menos de 18 anos) que possui uma licença de aprendiz for condenado por disputas de racha pela segunda vez, sua licença será suspensa por _____ anos.**

A) 3
B) 5
C) 2
D) 4

Resposta correta: A). Se um Operador Júnior que possui uma licença de aprendiz for condenado por disputas de racha pela segunda vez, sua licença será suspensa por três anos. [Suspensões de Permissões Obrigatórias; Suspensão ou Revogação da Licença; Capítulo 2: Mantendo sua licença; Manual do Motorista RMV de Massachusetts]

**158) Um Operador Júnior (ou seja, com menos de 18 anos) cuja licença de aluno foi suspensa para disputas de racha pela segunda vez deve pagar uma taxa de _____ para ter sua licença restabelecida.**

A) $ 750
B) $ 1.000
C) $ 250
D) $ 500

Resposta correta: B). Um Operador Júnior cuja licença de aluno foi suspensa por disputas de racha pela segunda vez deve pagar uma taxa de $ 1.000 para ter sua licença restabelecida. [Suspensões de Permissões Obrigatórias; Suspensão ou Revogação da Licença; Capítulo 2: Mantendo sua licença; Manual do Motorista RMV de Massachusetts]

**159)** A multa por excesso de velocidade é igual a $ 105 para os primeiros dez quilômetros por hora acima do limite de velocidade, mais _____ para cada milha adicional por hora acima do limite de velocidade.

A) $ 1
B) $ 8
C) $ 10
D) $ 5

Resposta correta: C). A multa por excesso de velocidade é igual a $ 105 para as primeiras dez milhas por hora acima do limite de velocidade, mais $ 10 para cada milha adicional por hora acima do limite de velocidade. [Violações de excesso de velocidade; Infrações e Penalidades de Veículos Automotores; Capítulo 2: Mantendo sua licença; Manual do Motorista RMV de Massachusetts]

**160)** Se um motorista de Massachusetts for condenado por ____ violações de velocidade dentro de um ano, sua carteira será suspensa por 30 dias.

A) 3
B) 4
C) 5
D) 6

Resposta correta: A). Se um motorista de Massachusetts for condenado por três violações de velocidade em um ano, sua carteira será suspensa por 30 dias. [Violações de excesso de velocidade; Infrações e Penalidades de Veículos Automotores; Capítulo 2: Mantendo sua licença; Manual do Motorista RMV de Massachusetts]

**161)** Um Operador Júnior (ou seja, com menos de 18 anos) que possua uma licença de aprendiz deve estar sempre acompanhado por um motorista licenciado com pelo menos 21 anos de idade durante a condução. Por duas condenações por dirigir sem supervisão de um adulto, a licença do Operador Júnior será suspensa e ele ou ela será obrigado a:

A) Concluir um Curso de Direção Defensiva.
B) Encontrar-se com um funcionário da RMV.
C) Concluir um curso de retreinamento de comportamento do motorista.
D) Não fazer nenhuma das opções acima.

Resposta correta: C). Se um Operador Júnior que possui uma licença de aprendiz for condenado duas vezes por dirigir sem a supervisão de um adulto, sua licença será suspensa e ele será obrigado a concluir com sucesso um Curso de Retreinamento de Atitude do Motorista. [Suspensões de Permissões Obrigatórias; Suspensão ou Revogação da Licença; Capítulo 2: Mantendo sua licença; Manual do Motorista RMV de Massachusetts]

**162) Se um Operador Júnior (ou seja, com menos de 18 anos) que possui carteira de motorista for condenado por direção imprudente pela segunda vez em um período de três anos, sua carteira será suspensa por:**

A) 18 meses.
B) 1 ano.
C) 36 meses.
D) 2 anos.

Resposta correta: B). Se um Operador Júnior que possui carteira de habilitação for condenado por direção imprudente pela segunda vez em um período de três anos, sua habilitação será suspensa pelo período de um ano.

**163) Qual das alternativas a seguir NÃO é considerada infração de trânsito?**

A) Desobediência aos sinais de trânsito.
B) Dirigir do lado errado da estrada.
C) Uma multa por excesso de velocidade.
D) Uma multa de estacionamento

Resposta correta: D). Multas de estacionamento não são consideradas infrações de trânsito. Em Massachusetts, no entanto, deixar de pagar multas de estacionamento pode impedir que você renove sua licença ou registre seu veículo. [Infrações Civis de Veículo Automotor; Violações e Penalidades de Veículos Automotores; Capítulo 2: Mantendo sua licença; Manual do Motorista RMV de Massachusetts]

**164) Um Operador Júnior (ou seja, com menos de 18 anos) que possua uma licença de aprendiz deve estar sempre acompanhado por um motorista licenciado com pelo menos 21 anos de idade durante a condução. Se ele ou ela for condenado por dirigir sem a supervisão de um adulto, sua permissão será suspensa por _____ dias na primeira ofensa.**

A) 60
B) 180
C) 30
D) 90

Resposta correta: A). Se um Operador Júnior que possui uma licença de aprendiz for condenado por dirigir sem a supervisão de um adulto, sua licença será suspensa por um período de 60 dias. [Suspensões de Permissões Obrigatórias; Suspensão ou Revogação da Licença; Capítulo 2: Mantendo sua licença; Manual do Motorista RMV de Massachusetts]

## 165) Se os privilégios de dirigir de um motorista de Massachusetts forem suspensos em outro estado,

A) Sua licença também será suspensa em Massachusetts.
B) Ele será obrigado a pagar uma multa em Massachusetts.
C) Ele ainda terá permissão para dirigir em Massachusetts.
D) Nenhuma das opções acima ocorrerá.

Resposta correta: A). Se os privilégios de dirigir de um motorista de Massachusetts forem suspensos ou revogados em outro estado, sua carteira será suspensa automaticamente. [Violações Fora do Estado; Infrações e Penalidades de Veículos Automotores; Capítulo 2: Mantendo sua licença; Manual do Motorista RMV de Massachusetts]

## 166) Se sua carteira foi suspensa em Massachusetts porque seus privilégios de dirigir foram suspensos em outro estado, você deve pagar uma taxa de _____ para ter sua carteira restabelecida.

A) $ 750
B) $ 100
C) $ 250
D) $ 500

Resposta correta: B). Se sua carteira foi suspensa em Massachusetts porque seus privilégios de dirigir foram suspensos em outro estado, sua carteira não pode ser restabelecida até que a suspensão fora do estado seja resolvida. Uma vez feito isso, você deve pagar uma taxa de $ 100 para ter sua licença restabelecida. [Registros de Condução; Violações e Penalidades de Veículos Automotores; Capítulo 2: Mantendo sua licença; Manual do Motorista RMV de Massachusetts]

## 167) Se você for obrigado a concluir o Curso de Reciclagem de Condutores, deverá fazê-lo dentro de:

A) 30 dias.
B) 120 dias.
C) 90 dias.
D) 60 dias.

Resposta correta: C). Se o RMV notificar que você deve fazer o Curso de Reciclagem de Condutores, você tem 90 dias para fazê-lo. Se não o fizer, sua licença será suspensa indefinidamente até que você conclua o curso. [Curso de Requalificação de Condutores; Violações e Penalidades de Veículos Automotores; Capítulo 2: Mantendo sua licença; Manual do Motorista RMV de Massachusetts]

### 168) Uma condenação por homicídio culposo fará com que sua licença seja suspensa por pelo menos:

A) 20 anos.
B) 15 anos.
C) 25 anos.
D) 30 anos.

### 169) Para um motorista de Massachusetts que possua uma licença de operador júnior, uma condenação por excesso de velocidade resultará em suspensão por:

A) 60 dias.
B) 90 dias.
C) 180 dias.
D) 30 dias.

### 170) Se um motorista for acusado de vender carteiras falsas, mas não for condenado, o Registro de Veículos Automotores poderá suspender sua licença por:

A) 30 dias.
B) 1 ano.
C) 90 dias.
D) 6 meses.

## 171) Em Massachusetts, qual das seguintes infrações não relacionadas à direção pode resultar na suspensão da carteira de habilitação?

A) Crimes relacionados a drogas.
B) Ausência de registro como agressor sexual.
C) Falta de pagamento da pensão alimentícia.
D) Tudo o que precede.

Resposta correta: D). Se você deixar de pagar pensão alimentícia, deixar de se registrar como criminoso sexual, deixar de pagar o imposto de renda de Massachusetts, tiver uma prisão pendente ou mandado de inadimplência, tiver sido condenado por certos delitos de tráfico de drogas ou tiver feito um pagamento indevido (como um cheque sem fundo) ao RMV, sua licença pode ser suspensa em Massachusetts. Se você desfigurar propriedade privada ou real pichando-a, sua licença em Massachusetts poderá ser suspensa. Além disso, se sua licença de Massachusetts foi suspensa ou revogada fora do estado, ela também será suspensa em Massachusetts. [Motivos para Suspensão da Licença; Suspensão ou Revogação da Licença; Capítulo 2: Mantendo sua licença; Manual do Motorista RMV de Massachusetts]

## 172) Para uma quinta condenação por operar sob a influência (OUI), sua licença será suspensa por:

A) 5 anos.
B) 10 anos.
C) 15 anos.
D) Perpetuamente.

Resposta correta: D). Após sua quinta condenação por OUI, sua licença será suspensa permanentemente. [Infracções e Suspensões; Suspensões de Licenças Obrigatórias; Suspensão ou Revogação da Licença; Capítulo 2: Mantendo sua licença; Manual do Motorista RMV de Massachusetts]

## 173) Qual é o período máximo de suspensão para deixar o local de um acidente que resultou em lesões corporais?

A) 2 anos
B) 6 meses
C) 90 dias
D) 1 ano

Resposta correta: A). Se você deixar o local de um acidente que resultou em ferimentos pessoais, seus privilégios de dirigir serão suspensos por um período de um a dois anos. [Infracções e Suspensões; Suspensões de Licenças Obrigatórias; Suspensão ou Revogação da Licença; Capítulo 2: Mantendo sua licença; Manual do Motorista RMV de Massachusetts]

**174)** Se um motorista de Massachusetts que possui uma licença de Operador Júnior for condenado por sua primeira ofensa por excesso de velocidade, ele perderá os privilégios de dirigir por um período de:

A) 60 dias.
B) 120 dias.
C) 30 dias.
D) 90 dias.

Resposta correta: D). Se um Operador Júnior de Massachusetts for condenado por sua primeira ofensa por excesso de velocidade, sua licença será suspensa por um período de 90 dias. [Violações de excesso de velocidade; Infrações e Penalidades de Veículos Automotores; Capítulo 2: Mantendo sua licença; Manual do Motorista RMV de Massachusetts]

**175)** Se um motorista de Massachusetts que possui uma licença de operador júnior for condenado por uma segunda ou mais infrações por excesso de velocidade, sua licença será suspensa por um período de:

A) 6 meses.
B) 12 meses.
C) 9 meses.
D) 3 meses.

Resposta correta: B). Se um Operador Júnior de Massachusetts for condenado por uma segunda ou mais ofensas por excesso de velocidade, sua licença será suspensa por um ano. [Violações de excesso de velocidade; Infrações e Penalidades de Veículos Automotores; Capítulo 2: Mantendo sua licença; Manual do Motorista RMV de Massachusetts]

**176)** Se você for considerado um infrator habitual, sua licença será suspensa por:

A) 4 anos.
B) 2 anos.
C) 3 anos.
D) 1 ano.

Resposta correta: A). Se você for considerado um infrator habitual, sua licença será suspensa por quatro anos. [Registros de Condução; Violações e Penalidades de Veículos Automotores; Capítulo 2: Mantendo sua licença; Manual do Motorista RMV de Massachusetts]

**177) Em Massachusetts, uma primeira condenação por operar sob a influência (OUI) resultará em uma sentença máxima de prisão de:**

A) 2,5 anos.
B) 6 meses.
C) 30 dias.
D) 1 ano.

Resposta correta: A). Em Massachusetts, um motorista será condenado a até 2 anos e meio de prisão por sua primeira ofensa OUI. [Álcool, Drogas e Direção; Suspensão ou Revogação da Licença; Capítulo 2: Mantendo sua licença; Manual do Motorista RMV de Massachusetts]

**178) Depois de _____ condenações por excesso de velocidade, um Operador Júnior (ou seja, com menos de 18 anos) que possua uma licença de aprendiz deve refazer o exame de permissão de aprendiz.**

A) 4
B) 2
C) 1
D) 3

Resposta correta: C). Depois de apenas uma condenação por excesso de velocidade, um Operador Júnior que possua uma licença de aluno deve refazer e passar no exame de licença de aluno. [Suspensões de Permissões Obrigatórias; Suspensão ou Revogação da Licença; Capítulo 2: Mantendo sua licença; Manual do Motorista RMV de Massachusetts]

**179) Para o cálculo das penas de condenação passíveis de sobretaxa, qual é a data oficial de uma ofensa?**

A) A data em que a condenação foi comunicada à companhia de seguros do condutor.
B) A data de validade da carteira de motorista.
C) A data da violação.
D) A data da condenação.

Resposta correta: D). Para o cálculo das penas de condenação puníveis, a data da condenação é considerada a data oficial. A data da condenação é o dia em que o motorista foi considerado culpado no tribunal ou o dia em que ele pagou a multa, admitindo a culpa. [Eventos Cobráveis; Violações e Penalidades de Veículos Automotores; Capítulo 2: Mantendo sua licença; Manual do Motorista RMV de Massachusetts]

**180) Se um motorista adulto estiver dirigindo com uma concentração de álcool no sangue (BAC) de _____ ou acima, ele será acusado de dirigir sob influência (OUI).**

A) 0,08%
B) 0,02%
C) 0,06%
D) 0,04%

Resposta correta: A). Se for flagrado dirigindo com uma concentração de álcool no sangue (BAC) de 0,08% ou mais, você será acusado de dirigir sob influência de álcool (OUI), e as penalidades podem ser severas. [Conteúdo de Álcool no Sangue; Álcool, Drogas e Direção; Capítulo 2: Mantendo sua licença; Manual do Motorista RMV de Massachusetts]

**181) Um Operador Júnior (ou seja, com menos de 18 anos) que possua uma carteira de estudante não tem permissão para dirigir sem supervisão entre 00h00 e 05h00. Se ele for condenado por dirigir sem supervisão entre 00h00 e 05h00, sua licença será suspensa por:**

A) 180 dias.
B) 90 dias.
C) 60 dias.
D) 30 dias.

Resposta correta: C). Se um Operador Júnior que possui uma licença de aprendiz for condenado por dirigir sem supervisão entre 00:00 e 05:00, sua licença será suspensa por 60 dias. [Suspensões de Permissões Obrigatórias; Suspensão ou Revogação da Licença; Capítulo 2: Mantendo sua licença; Manual do Motorista RMV de Massachusetts]

**182) Qual das seguintes situações pode acontecer se um motorista de Massachusetts cometer uma ofensa criminal de trânsito?**

A) Ele pode ser enviado para a prisão imediatamente.
B) Seu veículo pode ser rebocado.
C) Ele pode ser preso imediatamente.
D) Todos os itens acima podem ocorrer.

Resposta correta: D). Se um motorista de Massachusetts for acusado de uma infração criminal de trânsito, seu veículo poderá ser rebocado, ele poderá ser preso imediatamente, poderá ser mantido na prisão até a data do julgamento e sua licença poderá ser confiscado. [Violações Criminais; Infrações e Penalidades de Veículos Automotores; Capítulo 2: Mantendo sua licença; Manual do Motorista RMV de Massachusetts]

**183) Em Massachusetts, a _____ e subsequentes ofensas d OUI são consideradas crimes.**

A) Segunda
B) Terceira
C) Quarta
D) Primeira

Resposta correta: B). Em Massachusetts, a terceira ofensa OUI e subsequentes são consideradas crimes. [Álcool, Drogas e Direção; Suspensão ou Revogação da Licença; Capítulo 2: Mantendo sua licença; Manual do Motorista RMV de Massachusetts]

**184) Se um Operador Júnior (ou seja, com menos de 18 anos) que possui carteira de motorista for condenado por direção imprudente pela primeira vez, ele ou ela perderá os privilégios de dirigir por:**

A) 9 meses.
B) 180 dias.
C) 1 ano.
D) 2 anos.

Resposta correta: B). Se um Operador Júnior que possui uma carteira de motorista for condenado por direção imprudente pela primeira vez, ele perderá os privilégios de dirigir por um período de 180 dias. [Suspensões de Permissões Obrigatórias; Suspensão ou Revogação da Licença; Capítulo 2: Mantendo sua licença; Manual do Motorista RMV de Massachusetts]

**185) Um Operador Júnior (ou seja, com menos de 18 anos) cuja licença de aluno foi suspensa para disputas de racha deve pagar uma taxa de _____ para ter sua licença restabelecida.**

A) $ 750
B) $ 500
C) $ 250
D) $ 100

Resposta correta: B). Um operador júnior cuja licença de aluno foi suspensa para disputas de racha deve pagar uma taxa de $ 500 para ter sua licença restabelecida. [Suspensões de Permissões Obrigatórias; Suspensão ou Revogação da Licença; Capítulo 2: Mantendo sua licença; Manual do Motorista RMV de Massachusetts]

**186) Se a licença de Operador Júnior for suspensa por excesso de velocidade, a taxa de reintegração será:**

A) $ 500.
B) $ 100.
C) $ 250.
D) $ 1.000.

Resposta correta: A). A taxa de reintegração para um Operador Júnior cuja licença foi suspensa por excesso de velocidade é de $ 500. A taxa de reintegração para um Operador Júnior cuja licença de aluno foi suspensa por excesso de velocidade é de $ 100. [Suspensões de Permissões Obrigatórias; Suspensão ou Revogação da Licença; Capítulo 2: Mantendo sua licença; Manual do Motorista RMV de Massachusetts]

**187) Um infrator habitual cuja licença foi suspensa deve pagar uma taxa de _____ para ter a licença restabelecida.**

A) $ 500
B) $ 250
C) $ 750
D) $ 100

Resposta correta: A). Um infrator habitual cuja licença foi suspensa deve pagar uma taxa de $ 500 para ter a licença restabelecida. [Registros de Condução; Violações e Penalidades de Veículos Automotores; Capítulo 2: Mantendo sua licença; Manual do Motorista RMV de Massachusetts]

**188) Em Massachusetts, você será considerado um infrator habitual se acumular qualquer combinação de _____ infrações de trânsito maiores ou menores em um período de 5 anos.**

A) 10
B) 9
C) 12
D) 11

Resposta correta: C). Em Massachusetts, você será considerado um infrator habitual se acumular qualquer combinação de doze violações de movimento maiores ou menores dentro de um período de cinco anos. [Registros de Condução; Violações e Penalidades de Veículos Automotores; Capítulo 2: Mantendo sua licença; Manual do Motorista RMV de Massachusetts]

**189)** Se a sua licença foi suspensa por dirigir com uma licença suspensa ou revogada, a taxa de reintegração será:

A) $ 1.000.
B) $ 500.
C) $ 250.
D) $ 100.

Resposta correta: B). Se sua carteira foi suspensa por dirigir com carteira suspensa ou revogada, a taxa de reintegração será de $ 500. [Infracções e Suspensões; Suspensões de Licenças Obrigatórias; Suspensão ou Revogação da Licença; Capítulo 2: Mantendo sua licença; Manual do Motorista RMV de Massachusetts]

**190)** Em Massachusetts, você será considerado um infrator habitual se acumular _____ violações graves de movimentação em um período de 5 anos.

A) 4
B) 2
C) 3
D) 5

Resposta correta: C). Em Massachusetts, você será considerado um infrator habitual se acumular três violações graves de movimentação em um período de cinco anos. [Registros de Condução; Violações e Penalidades de Veículos Automotores; Capítulo 2: Mantendo sua licença; Manual do Motorista RMV de Massachusetts]

**191)** Você será obrigado a concluir o Curso de Reciclagem de Motoristas de Massachusetts se acumular:

A) 2 ou mais eventos passíveis de cobrança em seu registro dentro de 5 anos.
B) 3 ou mais eventos passíveis de cobrança em seu registro dentro de 2 anos.
C) 4 ou mais eventos passíveis de cobrança em seu registro dentro de 3 anos.
D) 3 ou mais eventos passíveis de cobrança em seu registro dentro de 3 anos.

Resposta correta: B). Se você for condenado por 3 ou mais eventos passíveis de cobrança dentro de 2 anos, será necessário concluir com sucesso o Curso de Reciclagem de Condutores do estado. [Curso de Requalificação de Condutores; Violações e Penalidades de Veículos Automotores; Capítulo 2: Mantendo sua licença; Manual do Motorista RMV de Massachusetts]

**192) Qual é a penalidade mais baixa para uma violação de velocidade?**

A) $ 125
B) $ 50
C) $ 25
D) $ 105

**193) Se um motorista de Massachusetts que possui uma licença de Operador Júnior for condenado por disputas de racha pela segunda vez, sua licença será suspensa por:**

A) 30 dias.
B) 1 ano.
C) 3 anos.
D) 5 anos.

**194) Durante uma parada de trânsito, recusar-se a fazer qual das seguintes opções pode resultar em acusações criminais?**

A) Informar a um policial quem é o proprietário do veículo
B) Dizer a um policial seu nome e endereço.
C) Assinar seu nome na frente de um policial.
D) Qualquer uma das anteriores.

**195) Qual das seguintes afirmações é VERDADEIRA sobre o uso de telefones celulares enquanto dirige em Massachusetts?**

A) Motoristas menores de 18 anos podem usar dispositivos portáteis apenas para fins de navegação.

B) Motoristas com 18 anos ou mais podem usar seus dispositivos para mensagens de texto.

C) Motoristas com 18 anos ou mais podem usar dispositivos viva-voz.

D) Motoristas menores de 18 anos podem usar apenas dispositivos viva-voz.

Resposta correta: C). Motoristas menores de 18 anos não podem usar nenhum dispositivo eletrônico móvel por qualquer motivo enquanto dirigem. A única exceção é para relatar uma emergência. Motoristas adultos com 18 anos ou mais podem usar apenas dispositivos viva-voz. [Uso de telefone celular viva-voz; Capítulo 3 Segurança em primeiro lugar; Manual do Motorista de Massachusetts]

**196) Um Operador Júnior (ou seja, com menos de 18 anos) que possua uma licença de aprendiz deve estar sempre acompanhado por um motorista licenciado com pelo menos 21 anos de idade durante a condução. Por três ou mais condenações por dirigir sem supervisão de um adulto, a licença do Operador Júnior será suspensa por:**

A) 180 dias.
B) 90 dias.
C) 1 ano.
D) 2 anos.

Resposta correta: C). Se um Operador Júnior que possui uma licença de aprendiz for condenado por dirigir sem supervisão três ou mais vezes, sua licença será suspensa por um ano. [Suspensões de Permissões Obrigatórias; Suspensão ou Revogação da Licença; Capítulo 2: Mantendo sua licença; Manual do Motorista RMV de Massachusetts]

**197) Pela primeira infração por disputas de racha, um Operador Júnior (ou seja, com menos de 18 anos) que possua uma licença de aprendiz perderá seus privilégios de dirigir por:**

A) 12 meses.
B) 30 dias.
C) 60 dias.
D) 24 meses.

Resposta correta: A). Pela primeira ofensa em disputas de racha, um Operador Júnior que possua uma licença de aprendiz perderá seus privilégios de dirigir por um ano. Além disso, ele será obrigado a refazer o exame de permissão do aluno e concluir um curso de retreinamento de comportamento do motorista. Ele também pode ser obrigado a concluir um curso *State Courts Against Road Rage* (SCARR).

**198)** Se um motorista de Massachusetts que possui uma licença de Operador Júnior for condenado por três ou mais violações das restrições de passageiros ou direção noturna da licença, sua licença será suspensa por:

A) 6 meses.
B) 1 ano.
C) 2 anos.
D) 3 anos.

Resposta correta: B). Se um motorista de Massachusetts que possui uma licença de Operador Júnior for condenado por três ou mais violações das restrições de passageiros ou direção noturna da licença, sua licença será suspensa por um período de um ano. [Suspensões de Permissões Obrigatórias; Suspensão ou Revogação da Licença; Capítulo 2: Mantendo sua licença; Manual do Motorista RMV de Massachusetts]

**199)** Quem será notificado sobre as condenações de trânsito de um Operador Júnior (ou seja, menor de 18 anos) que possui uma licença de aprendiz?

A) Seu professor.
B) Seu pai ou responsável.
C) O diretor de sua escola.
D) Nenhuma das alternativas.

Resposta correta: B). Para obter uma licença de aluno, um Operador Júnior deve obter o consentimento por escrito de seus pais ou responsáveis. Se o Operador Júnior for condenado por infração de trânsito, os pais ou responsáveis serão notificados. [Suspensões de Permissões Obrigatórias; Suspensão ou Revogação da Licença; Capítulo 2: Mantendo sua licença; Manual do Motorista RMV de Massachusetts]

**200)** Se sua licença foi suspensa por uma quarta condenação por operação sob influência (OUI), você deve pagar uma taxa de _____ para ter sua licença restabelecida.

A) $ 1.000
B) $ 1.200
C) $ 700
D) $ 500

Resposta correta: B). Para uma suspensão de licença por uma quarta condenação OUI, você deve pagar uma taxa de $ 1.200 para ter sua licença restabelecida. [Tabela de Infrações e Suspensões Criminais; Suspensão ou Revogação da Licença; Capítulo 2: Mantendo sua licença; Manual do Motorista RMV de Massachusetts]

**201) Se um motorista de Massachusetts for condenado por usar um dispositivo móvel portátil enquanto dirige pela SEGUNDA vez, ele:**

A) Deverá pagar uma multa de $ 250.
B) Deverá completar um programa obrigatório de condução distraída.
C) Deverá fazer uma das opções acima.
D) Deverá fazer as duas opções acima.

Resposta correta: D). Se você for pego usando um telefone portátil enquanto dirige, deverá pagar uma multa de $ 250, além da realizar a conclusão obrigatória de um programa educacional de direção distraída. [Penalidades por Violação da Lei; Capítulo 3 Segurança em primeiro lugar; Manual do Motorista de Massachusetts]

**202) Se um motorista de Massachusetts com 18 anos de idade ou mais acumular três ou mais infrações por excesso de velocidade em um único ano, sua licença será suspensa por:**

A) 90 dias.
B) 120 dias.
C) 60 dias.
D) 30 dias.

Resposta correta: D). Se um motorista de Massachusetts com 18 anos de idade ou mais acumular três ou mais infrações por excesso de velocidade no período de um ano, sua licença será suspensa por 30 dias. Após o término do período de 30 dias, ele terá que pagar uma taxa de $ 100 para ter a licença restabelecida. [Eventos Cobráveis; Violações e Penalidades de Veículos Automotores; Capítulo 2: Mantendo sua licença; Manual do Motorista RMV de Massachusetts]

**203) Se um motorista de Massachusetts for considerado culpado por mais de _____ em um acidente, isso será anotado em seu registro de direção.**

A) 90%
B) 75%
C) 25%
D) 50%

Resposta correta: D). Se um motorista de Massachusetts for considerado culpado em mais de 50 por cento em um acidente, o acidente culpado será anotado em seu registro de direção. Os acidentes por culpa contam para a suspensão da licença. [Acidentes de Falha; Infrações e Penalidades de Veículos Automotores; Capítulo 2: Mantendo sua licença; Manual do Motorista RMV de Massachusetts]

**204)** Um Operador Júnior (ou seja, com menos de 18 anos) que possua uma licença de aprendiz não tem permissão para dirigir sem supervisão entre 00:00 e 05:00 am. Se ele ou ela for condenado pela terceira vez por dirigir sem supervisão entre 00:00 e 5:00 am, sua permissão será suspensa por:

A) 1 ano.
B) 2 anos.
C) 5 anos.
D) 6 meses.

Resposta correta: A). Se um Operador Júnior que possui uma licença de aprendiz for condenado pela terceira vez por dirigir sem supervisão entre 00:00 e 05:00 am, sua licença será suspensa por um ano. [Suspensões de Permissões Obrigatórias; Suspensão ou Revogação da Licença; Capítulo 2: Mantendo sua licença; Manual do Motorista RMV de Massachusetts]

**205)** Qual é o significado da placa com fundo vermelho e letras brancas que indica "PARE"?

A) Aviso de curva acentuada à direita.
B) Parada obrigatória.
C) Zona de pedestres.
D) Estacionamento proibido.

Resposta correta: B)

**206)** A placa de trânsito com uma seta verde apontando para a direita indica:

A) Proibição de virar à direita.
B) Aviso de curva acentuada à direita.
C) Permissão para virar à direita.
D) Limite de velocidade à direita.

Resposta correta: C)

**207)** O que significa a placa de trânsito com fundo azul e letras brancas que exibe o número "55"?

A) Limite de velocidade de 55 mph.
B) Limite de velocidade urbana.
C) Limite de velocidade para caminhões.
D) Proibido estacionar a 55 metros à frente.

Resposta correta: A)

**208) Qual é o significado da placa de trânsito com um sinal de "X" vermelho sobre um fundo branco?**

A) Aviso de área escolar.
B) Parada obrigatória.
C) Pista fechada.
D) Proibido ultrapassar.

Resposta correta: D)

**209) A placa de trânsito com um sinal de "X" preto sobre um fundo branco indica:**

A) Área de pedestres.
B) Perigo adiante.
C) Passagem para veículos grandes.
D) Limite de velocidade.

Resposta correta: B)

**210) Qual é o significado da placa de trânsito com fundo amarelo e símbolo de uma criança em preto?**

A) Aviso de zona escolar.
B) Área de pedestres.
C) Parada obrigatória.
D) Limite de velocidade.

Resposta correta: B)

**211) O que significa a placa de trânsito com um sinal de "X" vermelho sobre um fundo branco e a inscrição "NO TURN"?**

A) Proibição de virar à esquerda.
B) Proibição de virar à direita.
C) Proibição de fazer conversão em "U".
D) Proibição de fazer qualquer tipo de conversão.

Resposta correta: A)

**212) Qual é o significado da placa de trânsito com fundo amarelo e símbolo de uma bicicleta em preto?**

A) Aviso de área compartilhada com ciclistas.
B) Área de estacionamento para bicicletas.
C) Proibição de tráfego de bicicletas.
D) Acesso exclusivo para bicicletas.

Resposta correta: A)

**213) A placa de trânsito com um símbolo de mão levantada em preto indica:**

A) Área de pedestres.
B) Proibido estacionar.
C) Pista exclusiva para pedestres.
D) Passagem de pedestres à frente.

Resposta correta: C)

**214) O que significa a placa de trânsito com fundo branco e símbolo de um caminhão em preto?**

A) Área de estacionamento para caminhões.
B) Rota de caminhões.
C) Proibido o tráfego de caminhões.
D) Pista exclusiva para caminhões.

Resposta correta: B)

**215) Qual é a penalidade por dirigir sem carteira em Massachusetts?**

A) Multa de $100.
B) Multa de $500.
C) Multa de $1.000.
D) Multa de $2.000.

Resposta correta: B)

**216) Quais são as consequências legais por dirigir sem carteira em Massachusetts?**

A) Apreensão do veículo.
B) Suspensão do direito de dirigir.
C) Prisão imediata.
D) Todas as opções anteriores estão corretas.

Resposta correta: D)

**217) Em Massachusetts, é permitido dirigir com uma carteira de motorista estrangeira válida?**

A) Sim, desde que seja acompanhada por uma tradução oficial.
B) Sim, sem a necessidade de tradução oficial.
C) Não, é obrigatório obter uma carteira de motorista de Massachusetts.
D) Apenas se a carteira de motorista estrangeira for de um país específico.

Resposta correta: A)

**218) Quais são as implicações de dirigir sem carteira como imigrante em Massachusetts?**

A) Risco de deportação.
B) Dificuldade em obter a carteira de motorista no futuro.
C) Restrições de emprego.
D) Todas as opções anteriores estão corretas.

Resposta correta: D)

**219) Quanto tempo uma pessoa que dirige sem carteira em Massachusetts pode ter sua prisão estendida?**

A) Até 30 dias.
B) Até 6 meses.
C) Até 1 ano.
D) Até 2 anos.

Resposta correta: C)

**220) Dirigir sem carteira é considerado uma infração civil ou criminal em Massachusetts?**

A) Infração civil.
B) Infração criminal.
C) Ambas, dependendo da situação.
D) Nenhuma das opções anteriores.

Resposta correta: C)

**221) Quais documentos são exigidos para obter a carteira de motorista em Massachusetts?**

A) Comprovante de residência e comprovante de seguro de carro.
B) Certidão de nascimento e RG.
C) Passaporte e Social Security.
D) Todas as opções anteriores estão corretas.

Resposta correta: D)

**222) Qual é a idade mínima para obter a carteira de motorista em Massachusetts?**

A) 16 anos.
B) 17 anos.
C) 18 anos.
D) 21 anos.

Resposta correta: A)

**223) Qual é o limite legal de álcool no sangue para dirigir em Massachusetts?**

A) 0,02%.
B) 0,05%.
C) 0,08%.
D) 0,10%.

Resposta correta: C)

**224) O consumo de álcool afeta apenas a capacidade de dirigir?**

A) Sim, apenas a habilidade de conduzir um veículo é afetada.
B) Não, o consumo de álcool também afeta a tomada de decisões e os reflexos.
C) Não, o consumo de álcool não tem efeitos negativos na direção.
D) Não, o consumo de álcool só afeta a percepção visual.

Resposta correta: B)

**225) Dirigir sob a influência de álcool é considerado uma infração civil ou criminal em Massachusetts?**

A) Infração civil.
B) Infração criminal.
C) Ambas, dependendo da situação.
D) Nenhuma das opções anteriores.

Resposta correta: B)

**226) Quais são as possíveis consequências de ser pego dirigindo embriagado em Massachusetts?**

A) Multa e suspensão do direito de dirigir.
B) Prisão e perda permanente da carteira de motorista.
C) Programa de reabilitação e aulas sobre direção segura.
D) Todas as opções anteriores estão corretas.

Resposta correta: D).

**227) É seguro consumir uma pequena quantidade de álcool antes de dirigir?**

A) Sim, desde que seja abaixo do limite legal.
B) Não, qualquer quantidade de álcool pode afetar negativamente a direção.
C) Depende da tolerância de cada pessoa.
D) Apenas se for uma bebida de baixo teor alcoólico.

Resposta correta: B)

**228) Quais são os efeitos das drogas no desempenho ao volante?**

A) Melhora a concentração e os reflexos.
B) Diminui a sonolência durante a condução.
C) Prejudica a coordenação motora e a capacidade de reação.
D) Não possui efeitos significativos na direção.

Resposta correta: C)

**229) Quais são as consequências legais de dirigir sob o efeito de drogas em Massachusetts?**

A) Apenas uma advertência por escrito.
B) Multa e suspensão do direito de dirigir.
C) Prisão e perda permanente da carteira de motorista.
D) Programa de reabilitação e aulas sobre direção segura.

Resposta correta: B)

**230) Qual é a melhor forma de evitar os riscos de dirigir sob o efeito de drogas?**

A) Tomar café ou bebidas energéticas para se manter alerta.
B) Utilizar métodos alternativos de transporte.
C) Consumir álcool para equilibrar os efeitos das drogas.
D) Nenhuma das opções anteriores.

Resposta correta: B)

# REGULAMENTO

De a preferência    Não entre    Proibido virar à direita    Proibido virar à esquerda    Proibido contornar

Todos os lados

Proibido bicicletas    Proibido caminhão    Proibido pedestres    Rua fechada    Tem que virar à esquerda

Mantenha se à direita
do canteiro divisor

Faixa esquerda tem    Proibido ultrapassar    Proibido estacionar
que virar à esquerda                  durante o horário indicado    Transito só na direção de seta

---

# ADVERTÊNCIA

Zona escolar      Cruzamento escolar      Cruzamento de pedestres

Sinal à frente    Pare adiante    Intercessão circular    União de pistas, esteja atento

Cruzamento de pedestres à frente    Estreitamento da Estrada

Parque infantil

Transito flui dos dois lados

Começa o canteiro Divisor

Termina o canteiro Divisor

Transito de 2 mãos

Pista escorregadia

Cervos cruzando

Caminho sinuoso

Cruzamento à frente

Rodovia termina na junção

Começa estrada à esquerda

Estrada de ferro

Curva à direita

Estrada vira à direita

Faixa adicionada à frente

Altura máxima permitida

Área de terra ao lado da Estrada

Não cruze a linha amarela

---

# GUIAS E DIRECOES

Indicador de rota Interestadual

Marcador de rota estatal

Cruzamento de rotas à frente

Indicadores de milhas

Sinal de intercâmbio de pista

Distância de destino em milhas

Destino ou direção

Aviso de saídas de estradas, em milhas

Estacionamento

Rota para
ciclistas

Mass. Departamento de
transporte para ciclista

Toll eletrônico

Acesso para
cadeirante

Ponto de interesse

Serviços de Estrada para o motorista em formação

Área de piquenique

Área de descanso

Hospital

Gasolina

Restaurante

Alojamento

Telefone

---

# TRABALHO RODOVIÁRIO

Trabalhos a 500 pés

Desvio a 1000
e 500 pés

Trabalhos em um
lado da estrada

Manutenção de serviços
públicos adiante

Pessoa com bandeira
controlando o transito

Desvio

Aviso

Vai pagar dobrado
se estiver acima da
velocidade

Sinal direcional iluminado

Barricada

Tambor

Cone     Tubo

Pessoa comandando o
transito

É importante ressaltar que este livro não garante automaticamente a aprovação na prova teórica. O seu sucesso dependerá do seu comprometimento, dedicação e estudo ativo. O material aqui presente é um recurso valioso para auxiliá-lo em sua preparação, fornecendo questões relevantes e informações fundamentais. No entanto, é fundamental que você se empenhe, estude com consistência e faça uso adequado deste material para obter os melhores resultados. A conquista da carteira de motorista requer esforço pessoal e compreensão plena das leis de trânsito. Estamos aqui para guiá-lo nessa jornada, mas o verdadeiro sucesso depende de você.

Agradecemos sinceramente por confiar em nosso livro de preparação para a prova teórica de motorista em Massachusetts. Sua decisão em adquiri-lo mostra seu comprometimento em se preparar adequadamente. Esperamos que este material seja de grande ajuda em sua jornada de estudos e que o conduza ao sucesso na prova. Estamos aqui para apoiá-lo em sua busca por conquistar a carteira de motorista. Boa sorte!

**Nos acompanhe
pelo Instagram:**

(51) 98139-9010

felixeditora@gmail.com

www.editorafelix.com.br

Felix Editora

@felixeditora

Made in the USA
Coppell, TX
07 October 2023